Présentation, traduction,
notes et dossier-jeu par Alexandre Micha

ÉTONNANTS CLASSIQUES
GF Flammarion

Le Moyen Âge
dans la même collection

Aucassin et Nicolette
CHRÉTIEN DE TROYES, *Yvain ou le chevalier au lion*
Fabliaux du Moyen Âge
La Farce de Maître Pierre Pathelin
MARIE DE FRANCE, *Lais*
ROBERT DE BORON, *Merlin*
Le Roman de Renart

Illustrations de Joëlle Jolivet
© Flammarion, 1998, pour cette édition.
ISBN : 2-08-072071-6
ISSN : 1269-8822

5	**PRÉSENTATION**
5	Histoires pour rire
6	Vivre au Moyen Âge
7	L'art de conter

9	**CHRONOLOGIE**

Fabliaux du Moyen Âge

Le vilain médecin	15	La vieille qui graissa la patte au chevalier	54
Les trois bossus	24	Le prêtre qui fut pris au lardier	56
Merlin Merlot	29	Brunain et Blérain	61
Les trois aveugles de Compiègne	36	La bourgeoise d'Orléans	63
Brifaut	43	Le boucher d'Abbeville	70
Estula	45		
Les perdrix	50		

85	**DOSSIER-JEU**

Sommaire

Qu'est-ce qu'un fabliau ? Le mot vient de *fable* : c'est donc un récit en vers, et un récit qui n'est jamais très long. Tant mieux, on n'a pas le temps de s'ennuyer.
La plupart des fabliaux sont anonymes : on ne connaît pas le nom de l'auteur. Mais on voit bien que ces conteurs ne sont pas des gens tristes...

HISTOIRES POUR RIRE

Dans ces petites histoires, on raconte le plus souvent une bonne ruse,

une simple débrouillardise ou tout un plan savamment conçu.

Ceux dont on se moque ont mérité d'être trompés, par leur vice, leur lâcheté ou leur naïveté. Parfois aussi on se moque du trompeur, du voleur volé, du piégeur piégé, du mari jaloux trompé. C'est l'éternelle histoire de l'arroseur arrosé.

Le premier prix de ruse revient à la femme, qui berne à la fois son mari et son ami. Jamais à court d'inventions, légère et coquette, elle sait se tirer des pires situations. Ces conteurs seraient-ils hostiles aux femmes ? Il faut reconnaître qu'au Moyen Âge une vieille tradition perdure qui présente la femme comme un être dangereux et comme une tentatrice. Mais, avant de donner des leçons, nos auteurs veulent surtout faire rire.

Un autre personnage est tout indiqué pour apporter du piment à l'histoire : c'est le prêtre. Paillard et jouisseur, il dispose de son temps et de beaucoup d'argent. Faut-il y voir une critique du clergé ? Là encore, il s'agit d'un type littéraire, celui du prêtre ou du moine débauché, tel qu'on les retrouve par exemple dans *Le Roman de Renart*. À aucun moment les fabliaux ne remettent en question la mission du prêtre ou la hiérarchie de l'Église, ni les liens sacrés du mariage. Une caricature, sans plus.

Nous rions également des jeux de mots. Dans *Estula* ou dans *Brunain et Blérain*, l'auteur s'amuse à dédoubler le sens d'un nom ou d'un mot.

VIVRE AU MOYEN ÂGE

Pour quel public écrivent ces conteurs ?

Il est sans doute très large : c'est aussi bien un public noble que bourgeois ou populaire. Tous, en effet, pouvaient prendre plaisir à ces joyeux passe-temps. De plus, chacun y retrouvait les images du milieu où il vivait et des aperçus de sa vie quotidienne. Nous évoluons tantôt dans la campagne, avec ses chemins creux, ses métairies, ses cours de ferme, tantôt, et plus souvent, dans un milieu urbain : la ville avec ses commerçants, boucher, savetier, artisans divers, et le mobilier des maisons, la huche, les paillasses, les baignoires. Ces petits tableaux sont encore un des charmes des fabliaux.

Chez vilains et bourgeois, la bonne table est un des plaisirs essentiels de l'existence. À la campagne, on se contente de pain, de lait et de fromage, tandis que les riches se régalent de gibier, d'oies grasses et de plantureux menus.

La bonne humeur, la joie de vivre résument donc la philosophie des fabliaux. Quand les auteurs tirent les leçons des mésaventures survenues à leurs personnages, ce sont surtout des conseils d'expérience pour ne pas tomber dans des situations inconfortables ou désastreuses. Cette morale de bon sens ressemble un peu à celle des fables de La Fontaine.

L'ART DE CONTER

Même s'il ne faut pas chercher de profonde psychologie dans ces petites œuvres, le conteur saisit fort bien les caractères.

Des traits pris sur le vif animent ces personnages, qui autrement ne seraient que des marionnettes.

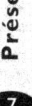

Mais l'auteur est surtout un meneur de jeu, qui exploite les situations avec virtuosité. L'intrigue est habilement troussée. Que de méprises, de substitutions de personnages, de bagarres et de bastonnades, comme au théâtre Guignol ! Le récit, toujours alerte, ne s'encombre ni de descriptions ni d'analyses. Rondement mené, il va droit au but, animé par la fréquence et la vivacité des dialogues. Les phases de l'action se succèdent en séquences rapides, juxtaposées souvent sans transition. Un art très sûr, et une écriture simple et directe. S'il est un genre court, le fabliau est donc aussi raffiné que des récits plus ambitieux.

CHRONOLOGIE

**REPÈRES
HISTORIQUES
ET ARTISTIQUES**

**LES FABLIAUX
ET LE CONTEXTE
LITTÉRAIRE**

REPÈRES HISTORIQUES ET ARTISTIQUES

1180-1223	Règne de Philippe Auguste.
1194-1220	Construction de la cathédrale de Chartres.
1204	Quatrième croisade et prise de Constantinople par les croisés.
1213	Croisade contre les hérétiques albigeois.
1214	Bataille de Bouvines.
1221	Début des travaux de la cathédrale de Reims.
1223-1226	Règne de Louis VIII.
1226-1270	Règne de saint Louis
1270-1285	Règne de Philippe III Le Hardi
1285-1314	Règne de Philippe IV Le Bel

LES FABLIAUX ET LE CONTEXTE LITTÉRAIRE

1170	*Richaut*, le plus ancien fabliau (thème de la ruse féminine et tableau précis des mœurs).
1174-1250	Les différentes branches du *Roman de Renart*.
1200-1220	Début de la grande production des Fabliaux.
Vers 1200	Jean Bodel, Chanson de geste : *Les Saisnes*.
1200-1250	Fabliaux : *Le vilain médecin, Les perdrix, Estula, Les trois bossus*. *Aucassin et Nicolette*, récit en prose et vers alternés.
1200-1210	Robert de Boron, *Joseph, Merlin, Perceval*.
Vers 1205	Jean Bodel, *Congés* (œuvre d'un poète lépreux).
Vers 1210	Villehardouin, chronique de *La Conquête de Constantinople*.
1215-1235	Cycle romanesque du *Lancelot-Graal*.
1225-1230	Guillaume de Lorris, *Roman de la Rose*.
1250-1300	Fabliaux : *Les trois aveugles de Compiègne, La vieille qui graissa la patte au chevalier*.
1269-1278	Jean de Meun, Suite du *Roman de la Rose*.
1309	Joinville achève la *Vie de saint Louis*.

Chronologie

Fabliaux du Moyen Âge

Le vilain médecin

Il y avait une fois un vilain [1] fort riche, mais avare comme pas un ! Il possédait trois charrues avec les bœufs, deux juments et deux gros chevaux ; il avait en abondance tout le nécessaire, pain, viande et vins. Mais parce qu'il n'était pas marié, ses amis et tous les gens du pays le blâmaient. Il leur répondait qu'il se marierait, s'il trouvait une bonne épouse. On lui en cherchera une, lui dit-on, la meilleure qu'on pourra trouver.

Au pays vivait un vieux chevalier, qui était veuf et qui avait une fille, une très belle et courtoise demoiselle. Mais l'argent lui manquait et personne ne demandait sa fille en mariage, bien qu'elle eût largement l'âge de s'établir. Les amis du vilain se rendirent auprès du chevalier et lui demandèrent sa fille pour le paysan qui était riche d'or, d'argent et de vêtements. La jeune fille qui était sage n'osa contredire son père qui donna tout de suite son consentement : elle n'avait plus sa mère, elle céda

---

1. *Vilain* : homme de basse condition, le plus souvent grossier, par opposition à courtois, celui qui fréquente les cours, bien élevé, de manières distinguées. C'est souvent un paysan.

donc au bon plaisir de son père et malgré le chagrin qu'elle en éprouvait elle épousa le vilain.

Mais peu de temps après les noces, celui-ci s'aperçut vite qu'il avait fait une mauvaise affaire : il convenait peu à ses occupations d'avoir pour femme une fille de chevalier. « Quand je serai à ma charrue, se dit-il, le chapelain pour qui tous les jours sont fériés guettera dans la rue, et quand je serai loin de ma maison, il séduira ma femme qui ne m'aimera plus et me traitera par le mépris. Ah, malheureux que je suis ! Que faire ? Mes regrets ne servent à rien. » Il réfléchit longuement et se demanda comment la préserver de ce danger.

« Mon Dieu, fait-il, si je la battais chaque matin, à mon lever, avant d'aller à mon labour, elle pleurerait toute la journée et, pendant ce temps, personne ne lui ferait la cour ; puis le soir, à mon retour, je lui demanderais pardon et je lui ferais fête. »

Il demanda alors à dîner ; il n'y eut au menu ni poissons ni perdrix, mais fromages, œufs frits, pain et vin en abondance, que le vilain avait amassés.

Quand la table fut desservie, de sa main qu'il avait énorme et large, le vilain donna une telle gifle à sa femme qu'il y laissa la trace de ses doigts ; puis l'ayant prise par les cheveux, il la bat brutalement comme si elle l'avait mérité et part ensuite pour les champs, laissant sa femme en larmes. « Hélas, fait-elle, que devenir ? Quelle décision prendre ? Mon père m'a durement trahie, pauvre que je suis, quand il m'a donnée à ce vilain. Étais-je près de mourir de faim ? Certes, j'ai été folle de consentir à ce mariage. Pourquoi donc ma mère est-elle morte ? »

Elle pleure tout le long du jour. Quand le vilain

revient, il se jette aux pieds de sa femme et la supplie de lui pardonner.

— Dame, fait-il, pitié ! C'est le diable qui m'a poussé. J'ai de la peine, je regrette les coups que je vous ai donnés.

Le misérable en dit tant que sa femme lui pardonne et lui sert le repas qu'elle avait préraré, et ils vont se coucher en paix. Mais au matin, le brutal maltraite encore sa femme et peu s'en faut qu'il ne la blesse. Puis il part travailler aux champs.

Elle se met à pleurer.

— Ah, malheureuse, pourquoi suis-je née ? Mal m'est advenu. Mon mari n'a jamais été battu, il ne sait pas ce que c'est que les coups. S'il le savait, il ne m'en donnerait pas tant.

Tandis qu'elle se désole, voici venir deux messagers du roi, chacun sur un blanc palefroi[1] : ils entrent dans la maison et demandent à manger. Elle leur donne volontiers à manger, puis leur dit :

— D'où êtes-vous ? Que cherchez-vous ? Voulez-vous me le dire ?

— Dame, par ma foi, répond l'un, nous sommes des messagers du roi qui nous envoie à la recherche d'un médecin. Nous devons passer en Angleterre.

— Et pourquoi faire ?

— Damoiselle Aude, la fille du roi, est malade, depuis huit jours passés elle ne peut boire ni manger à cause d'une arête de poisson qui lui est restée dans le gosier. Et le roi en est désolé ; s'il la perd, jamais plus il ne connaîtra la joie.

— Seigneurs, écoutez-moi. Vous n'irez pas si

---

1. *Palefroi* : cheval de promenade.

loin que vous croyez : mon mari, je vous le jure, est un bon médecin ; il est plus fort en médecine que ne le fut jamais Hippocrate [1].

— Le dites-vous, dame, par plaisanterie ?

— Non, je me garde bien de plaisanter. Mais il est d'un naturel si bizarre qu'il refuse de rien faire, à moins d'être battu.

— On verra bien. Où pourrions-nous le trouver ? Ce n'est pas les coups qui manqueront.

— Vous le trouverez facilement, en sortant de cette cour, le long d'un ruisseau, près de cette rue déserte : la première charrue, c'est la nôtre. Allez, par saint Pierre l'apôtre, là où je vous dis.

Ils éperonnent leurs chevaux et trouvent le vilain ; ils le saluent au nom du roi et le prient de venir sans délai parler à leur maître.

— Pourquoi faire ? dit le vilain.

— À cause de la science dont vous êtes tout plein. Il n'est meilleur médecin au monde ; nous sommes venus de loin vous chercher.

Quand le vilain s'entend appeler médecin, il baisse un peu la tête et répond qu'il ne sait rien de rien.

— Qu'attendons-nous ? se disent-ils, nous savons qu'il faut d'abord le battre, avant qu'il dise ou fasse du bien.

L'un le frappe sur l'oreille, l'autre sur l'échine avec un grand et gros bâton. Ils le rossent si bien qu'ils le jettent à terre. En sentant les coups sur ses épaules et sur son dos, le vilain voit bien qu'il n'a pas l'avantage.

---

1. *Hippocrate* : médecin grec du Ve siècle avant Jésus-Christ.

— Oui, dit-il, je suis un bon médecin, mais par pitié laissez-moi tranquille.

— Alors, en selle, et tout de suite chez le roi.

Et sans chercher d'autre monture, ils le juchent sur une jument.

Arrivés à la cour, le roi court à leur rencontre, soucieux de la santé de son enfant, et les interroge sur ce qu'ils ont trouvé.

— Nous vous amenons, répond l'un des messagers, un bon médecin, mais il n'est pas facile de caractère !

Ils le mettent alors au courant des défauts du vilain, qui ne veut rien faire avant d'être battu.

— Voilà un mauvais médecin, fait le roi. Jamais je n'en ai entendu parler. Puisqu'il en est ainsi, qu'on le batte bien.

— Nous sommes prêts, répliquent les autres. Dès que vous le commanderez, il sera payé comme il le mérite.

Le roi appelle le vilain.

— Maître, dit-il, asseyez-vous ici, je vais faire venir ma fille qui a grand besoin d'être guérie.

— Vraiment, sire, je vous affirme que je ne connais rien à la médecine, je n'en ai jamais su le premier mot.

— Voilà qui est surprenant, dit le roi. Rossez-le-moi de coups.

Et ils bondissent sur lui, hardis à la tâche.

— Sire, pitié, dit le vilain, quand il sent les coups pleuvoir sur lui. Je la guérirai, je vous le promets.

— Laissez-le, dit le roi, ne le touchez plus.

La jeune fille était dans la salle, toute blême et pâle, le gosier enflé par l'arête du poisson. Le vilain se demande comment la guérir, car il voit qu'il faut la guérir ou mourir. « Je suis sûr, se dit-il, que si elle riait, l'arête sortirait du gosier grâce aux efforts qu'elle ferait, car elle n'a pas pénétré dans le corps, il faut faire ou dire quelque chose qui la fasse rire. »

— Sire, écoutez-moi : faites-moi allumer un grand feu, loin de tout le monde ; nous y serons seuls, elle et moi, sans personne d'autre. Vous verrez le résultat et, s'il plaît à Dieu, je la guérirai.

— Bien volontiers, répond le roi.

Accourent alors domestiques et écuyers et allument le feu là où le roi l'a commandé. La demoiselle et le médecin sont tous deux dans la salle ; elle, assise près du feu sur un siège qu'on a apporté, tandis que le vilain quitte ses vêtements y compris sa culotte ; il s'allonge près du feu et se met à se gratter tout à son aise. Il avait les ongles longs et une peau dure ; vous ne trouveriez pas un meilleur gratteur au monde.

Quand la jeune fille le voit, malgré la douleur qu'elle éprouvait, elle ne peut s'empêcher de rire et fait de tels efforts que l'arête lui sort de la bouche pour tomber près du foyer. Tout de suite le vilain se rhabille, saisit l'arête, sort de la salle d'un air triomphant et, dès qu'il voit le roi, s'écrie :

— Sire, votre fille est guérie, voici l'arête, Dieu merci !

— Eh bien, maître, sachez que je vous aime plus que tout au monde. Vous m'avez rendu ma fille ; bénie soit votre venue ici. Vous aurez joyaux et vêtements tant que vous voudrez.

— Merci, sire, je n'en veux pas, je ne puis rester ici, il faut que je retourne chez moi.

— Non, dit le roi, non. Vous serez mon maître et mon ami.

— Merci, sire. Je n'ai pas de pain à la maison ; on devait charger au moulin, quand je suis parti hier matin.

— On va voir, répond le roi. Battez-le-moi et il restera.

Ils se jettent sur lui et le rossent si vigoureusement que le vilain se met à crier :

— Je resterai, laissez-moi en paix.

Il reste donc à la cour ; on lui coupe les cheveux, on le rase. Il croit échapper au piège. Les malades du pays, plus de quatre-vingts à ce qu'on dit, viennent tous chez le roi et chacun décrit son état au vilain.

— Maître, dit le roi, prenez soin de ces gens. Vite, guérissez-les-moi.

— Grâce, fait le vilain, il y en a trop, je vous l'assure.

Le roi appelle deux valets, chacun prend un bâton, sachant bien pourquoi le roi les appelle. Quand le vilain les voit venir, il est terrorisé.

— Grâce, crie-t-il, je les guérirai !

Il demande des bûches, on lui en apporte une quantité, il allume un grand feu dans la salle et s'affaire lui-même à le préparer. Puis il fait rassembler là les malades.

— Je vous prie, dit-il au roi, de quitter la salle avec ceux qui n'ont aucun mal.

Le roi l'accorde et sort avec ses gens.

— Holà, dit le vilain aux malades, il n'est pas facile de vous guérir. Je ne vois qu'un moyen pour obtenir un résultat : choisissez le plus malade d'entre vous, et je le brûlerai dans ce brasier ; vous, les autres, n'aurez qu'à y gagner, vous boirez ses cendres et vous serez aussitôt guéris.

Ils se regardent les uns les autres, et il n'y a perclus ni enflé qui pour un royaume avouerait qu'il souffre de la plus grave maladie.

— Tu me sembles bien faible, dit le vilain au premier qu'il voit, tu es le plus malade de tous.

— Maître, répond l'autre, je suis en parfaite santé.

— Va-t'en donc. Qu'es-tu venu chercher ici ?

Le malade ne fait qu'un saut et prend la porte.

— Es-tu guéri ? lui demande le roi.

— Oui, sire, par la grâce de Dieu ; je suis plus sain qu'une pomme. Ce médecin n'est pas le premier venu.

Que vous dirais-je de plus ? Il n'y aurait eu petit ni grand qui pour rien au monde aurait consenti à ce que le médecin le pousse dans le feu et tous s'en allèrent, comme s'ils avaient tous été guéris. Quand le roi les vit, il en fut transporté de joie.

— Je me demande avec émerveillement, dit-il au vilain, comment vous avez pu si vite les guérir.

— Sire, j'ai eu recours à un sortilège ; j'en connais un qui vaut mieux que gingembre et canelle.

— Eh bien, retournez chez vous, quand vous voudrez. Vous aurez vêtements, deniers, palefrois et bons destriers [1]. Mais ne vous faites plus battre, car c'est une honte de vous maltraiter.

---

1. *Destriers* : chevaux de bataille.

— Merci, sire, dit le vilain. Je suis votre homme pour toujours.

Il sort aussitôt de la salle et rentre chez lui.

Il vécut richement dans son pays et ne retourna plus jamais à sa charrue. Il ne battit jamais plus sa femme, mais il l'aima et la chérit.

Tout se passa comme je l'ai dit : grâce à sa ruse et grâce à sa femme il fut un bon médecin sans avoir fait d'études.

Les trois bossus

Seigneurs, si vous voulez me prêter un peu attention, je vous raconterai une belle aventure.

Jadis vivait en un château, peut-être bien à Douai, un bourgeois qui menait une existence aisée. Il avait une fille belle à ravir, je renonce à décrire sa beauté, c'est au-dessus de mes forces. Sans être très riche, ce bourgeois était de bonne compagnie et jouissait d'une bonne renommée dans la ville.

Il y avait aussi dans la ville un bossu, je n'en ai jamais vu de si mal loti : il était d'une laideur parfaite : énorme tête, hure affreuse, cou très court, larges épaules relevées. Ce serait folie de vouloir donner une idée de sa hideur. Il était l'homme le plus cossu de la ville. Grâce aux biens qu'il avait amassés, ses amis lui avaient obtenu pour femme cette séduisante jeune fille. Mais depuis son mariage, il n'était pas un seul jour sans souci, si jaloux qu'il était perpétuellement inquiet. Il tenait tout au long de la journée sa porte fermée. Toujours assis sur le seuil de sa maison, il en interdisait l'entrée à tout le monde, à moins qu'on ne lui apporte quelque chose ou qu'on sollicite un emprunt.

À un Noël, trois bossus, des vauriens, viennent le

trouver en lui disant qu'ils veulent faire la fête avec lui, nulle part ils ne la feraient mieux, puisqu'ils étaient bossus comme lui.

Le maître de maison les fait monter à l'étage où le repas était tout prêt. Ils s'assoient à la table devant un succulent et copieux dîner ; le bossu n'était pas avare, ils eurent chapons et pois au lard. Après le repas, leur hôte leur donne à chacun vingt sous de Paris [1], mais leur défend de paraître à l'avenir dans sa maison et sa propriété, car s'ils y sont surpris, ils prendront un terrible bain froid : la maison donnait en effet sur la rivière. Les bossus se retirent, tout joyeux d'avoir passé une bonne journée et leur hôte les quitte pour traverser le pont.

La dame qui les avait entendu chanter et prendre du bon temps les rappelle tous les trois, pour entendre encore leurs chansons et elle ferme bien la porte. Pendant qu'ils chantent et s'amusent avec la dame, voilà que revient le mari qui ne s'est pas absenté longtemps. Il appelle rageusement à la porte, elle entend son mari, le reconnaissant à sa voix, mais elle ne sait que faire des bossus ni comment les cacher. Il y avait près de l'âtre un châssis de lit qu'on pouvait déplacer et trois coffres à l'intérieur. Elle met un bossu dans chacun des coffres.

Le mari est entré et s'assoit un court instant près de la dame, puis il descend, sort et s'en va. La dame n'est pas fâchée de voir son mari dans l'escalier : il

---

1. *Sous de Paris* : il faut faire la distinction entre monnaie réelle (deniers) et monnaies de compte. Le sou vaut douze deniers. C'est une pièce d'argent dont la valeur est à peu près celle d'un franc de 1900. Au pluriel, deniers s'emploie au sens général d'argent. La livre vaut vingt sous.

faut qu'elle se débarrasse des bossus cachés dans les coffres, mais en les ouvrant elle les trouve tous les trois morts, saisie de stupeur à cette découverte. Elle court à la porte d'en-bas, hèle un porteur qu'elle a aperçu. Quand l'homme l'entend, il accourt sans tarder.

— Ami, dit-elle, écoute-moi. Si tu me donnes ta parole que tu ne souffleras mot de ce que je vais te dire, tu auras une belle récompense : je te donnerai trente bons deniers, l'affaire une fois faite.

À ces mots, l'homme le lui promet, alléché par l'aubaine et il monte à l'étage.

— Mon ami, dit la dame en ouvrant un des coffres, ne vous étonnez de rien. Portez-moi ce mort à la rivière, vous me rendrez un grand service.

Elle lui tend un sac, il le prend, y fourre d'un seul coup le bossu, le soulève, le prend sur son cou, descend l'escalier, court à la rivière, jusqu'au pont, et jette le bossu à l'eau. Sans plus attendre, il revient à la maison. La dame a déjà tiré du lit un autre bossu à grand-peine, jusqu'à en perdre le souffle, puis s'est éloignée un peu du cadavre. Son porteur arrive au pas de course.

— Dame, dit-il, à présent payez-moi ! Je vous ai bien débarrassée du nain.

— Pourquoi vous moquez-vous de moi, dit-elle, sacré mauvais sujet ? Le nain est revenu ici, vous ne l'avez pas jeté à l'eau, vous l'avez ramené avec vous. Si vous ne me croyez pas, le voilà !

— Comment, cent mille diables ? Il est revenu ici ? J'en suis abasourdi. Il était mort pourtant ! C'est un diable de l'enfer, mais par saint Rémi, il n'aura pas le dessus !

Il saisit alors l'autre bossu, le met dans le sac, le prend sur son cou sans effort et quitte la maison. Tout aussitôt la dame tire le troisième du coffre et l'allonge près du feu. Le porteur, lui, lance à l'eau son bossu, la tête la première.

— Allez, crie-t-il, soyez maudit, si vous revenez.

Et le voici de retour chez la dame pour être payé et elle accepte sans discussion de bien le dédommager. Elle le mène alors à l'âtre, comme si elle ne savait rien du troisième bossu qui était couché là.

— Voyez, dit-elle, un vrai miracle ! Qui a jamais entendu dire le pareil ? Revoilà le bossu !

L'homme n'a pas le sourire aux lèvres, quand il le voit allongé près du feu.

— Eh, par le saint cœur de Dieu, a-t-on jamais vu un vaurien de cette espèce ? Je ne ferai donc aujourd'hui que porter ce vilain bossu ! Je le trouve toujours revenu ici, après l'avoir jeté à l'eau !

Il met le troisième bossu dans le sac, le cale sur son cou, en sueur de colère et de rage. Il refait le chemin et balance son fardeau dans l'eau.

— Va-t'en, dit-il à ce maudit démon. Je t'aurai charrié combien de fois aujourd'hui ! Si je te vois encore revenir, tu le regretteras. Je crois que tu m'as eu par un tour de magie, mais, par Dieu, à partir de maintenant si tu suis mes pas et si je trouve un bâton ou une trique, je te flanquerai un coup sur la nuque qui te laissera un bandeau tout rouge.

À ces mots il refait le trajet jusqu'à la maison, mais avant de s'engager dans l'escalier, il regarde derrière lui et voit le mari qui revient chez lui. Le pauvre homme prend la chose au sérieux et se signe trois fois :

— Au nom du Seigneur Dieu, à l'aide ! Il est

enragé, ma foi, de me suivre si près de mes talons, il va presque me rattraper. Par saint Morand, il me prend pour un imbécile ; j'ai beau le porter, il tient à me narguer en revenant derrière moi.

Il court pour saisir de ses deux poings un gourdin qu'il voit suspendu à la porte, puis regagne l'escalier, tandis que le mari s'apprête à monter.

— Comment, monsieur le bossu, vous êtes de retour ! Quel entêtement, ma parole ! Mais, par le corps de sainte Marie, vous n'avez pas eu de chance de revenir dans ces parages. Vous me prenez pour un crétin !

Il lève alors le bâton, lui en assène un coup si violent sur sa grosse tête qu'il lui répand la cervelle sur le sol, il l'abat mort au pied de l'escalier ; puis il le glisse dans le sac dont il ligote l'ouverture avec une corde, se met en route d'un pas rapide et lance à l'eau le sac qu'il avait bien ficelé de peur que l'individu ne le suive à nouveau.

Allez, au fond ! et tant pis pour vous, dit-il. Je suis sûr maintenant que tu ne reviendras pas, on verra avant les bois refleurir.

Il va chez la dame, réclame son paiement, puisqu'il lui a scrupuleusement obéi. Sans difficulté elle lui donne son dû, trente livres tout rond, satisfaite qu'elle est du marché. Elle se dit qu'elle a fait une bonne journée, maintenant qu'elle est débarrassée de son hideux mari, et se voit heureuse jusqu'à la fin de ses jours.

Durand, l'auteur de ce conte, déclare qu'il n'est pas de femme qu'on ne puisse avoir avec de l'argent et qu'avec de bons deniers il est possible de tout avoir.

C'est ainsi que le bossu épousa la dame. Honte à quiconque a le culte de l'argent et lui accorde la première place.

Merlin Merlot

Il y avait jadis un pauvre homme qui nourrissait à grand-peine sa femme et ses deux enfants en allant chaque jour, avec un petit âne qu'il avait, couper dans la forêt des branchages qu'il vendait à la ville. Un jour d'hiver il faisait si froid qu'il ne put même manier sa serpe et qu'il lui fallut cacher ses mains transies dans son vêtement. Il s'assit alors au pied d'un arbre et se mit à pleurer :

— Hélas, dit-il, que ma vie est dure ! Je n'ai jamais un seul jour de paix. Si Dieu voulait me faire une grâce, c'est la mort qu'il m'enverrait... Il va me falloir jeûner aujourd'hui ; mes enfants, ma femme le savent bien : quand je n'ai rien pu gagner, ils n'ont ces jours-là rien à manger. Mes enfants me tendent les mains, ils pleurent, si je n'ai point de pain à leur donner et leur mère arrive de son côté ; elle m'injurie et me regarde de travers, en femme dont c'est l'habitude. Et je reste devant eux comme un chien battu, tête basse et tout ahuri. Oh oui, que vienne la mort !

Tandis qu'il se lamentait, il entendit près de lui une voix qui l'appelait par son nom. Il regarde de tous côtés et ne voit personne.

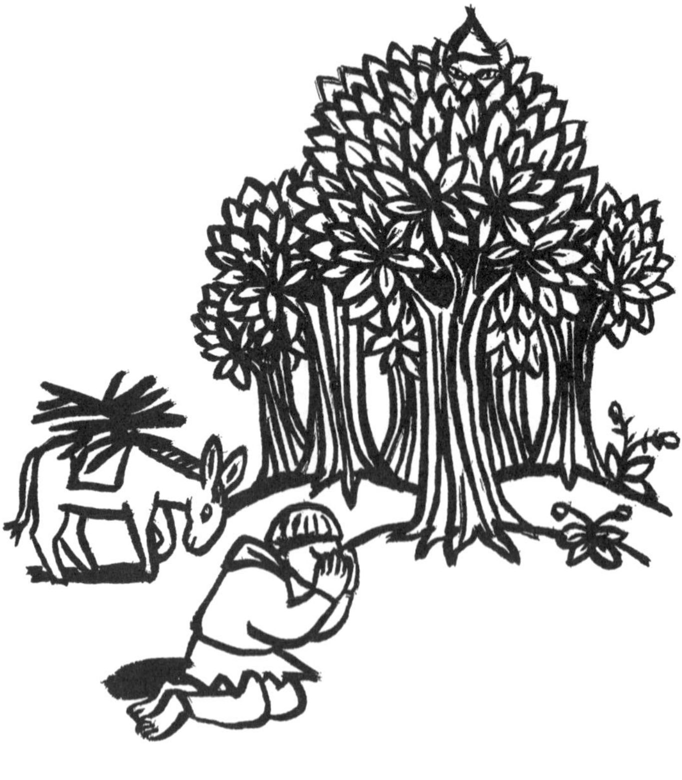

— Qui m'appelle ? dit-il en tremblant.

— C'est moi, Merlin, qui vis dans le bois [1] et qui ai pitié de toi. Je te rendrai riche pour le reste de tes jours, pourvu que tu ne te montres pas ingrat et que, te souvenant toujours que tu as été pauvre, tu aies pitié des malheureux. Rentre chez toi. Sous le pommier qui est au bout de ton jardin, tu trouveras, en creusant la terre, un grand trésor. Fais-en bon usage, sers-toi sagement de tes richesses, et n'oublie pas, chaque année à pareil jour, de revenir ici me parler.

Le vilain, le cœur plein de joie, rentra chez lui, menant son âne, sans l'avoir chargé.

Quand sa femme le voit venir ainsi, vous pouvez croire qu'elle ne lui fait pas bon accueil :

— Fainéant ! Malheureux, de quoi vivrons-nous, les enfants et moi ? Je vais te quitter et te laisser là avec eux, bon à rien que tu es !

— Tranquillise-toi, femme, un peu de patience, et nous n'aurons plus de soucis.

Il lui raconte alors ce qui lui est arrivé. Ils prennent chacun un pic et creusent sous le pommier ; ils ne tardent pas à trouver le trésor et l'emportent chez eux.

Ils ne changent leur manière de vivre que petit à petit, pour ne pas faire jaser les gens. Le vilain continue d'aller au bois tous les jours, puis il n'y va plus qu'une fois par semaine, puis une ou deux fois par mois, et enfin plus du tout.

Il vit à l'aise, ne s'occupe de rien, vend son âne, mène une existence de bourgeois, achète des

---

1. *Qui vis dans le bois* : Merlin, prophète et enchanteur, conseiller du roi Arthur, vit dans les forêts, quand il n'est pas à la cour.

maisons en ville et des terres aux alentours, et bientôt il est entouré d'amis et de parents qu'il ne s'était jamais connus. Ne songeant qu'à vivre confortablement, il se soucie peu des pauvres.

Chaque année cependant il se rendait au bois pour rendre compte à Merlin de ses succès.

— Sire Merlin, lui disait-il, grâce à vous je suis riche et heureux.

— Eh bien, répondait la voix, n'oublie pas mes conseils.

Il appela une fois son bienfaiteur :

— Sire Merlin, je voudrais vous demander quelque chose : je voudrais être prévôt [1] de la ville.

— Va, tu le seras d'ici quarante jours, je te promets, mais n'oublie pas ce que je t'ai dit.

Au terme fixé il fut en effet nommé prévôt, mais il ne fut pas meilleur pour cela, il ne fit pas bon usage de son pouvoir, il se mit au service des riches et des puissants et opprima les petits et les faibles. Il en est souvent ainsi : celui qui est venu de plus bas est le plus arrogant et le plus dur. La date de son rendez-vous au bois revint ; il y alla avec une nombreuse suite à cheval et, faisant arrêter ses gens à la lisière, il vint à sa place habituelle.

— Merlin, dit-il, es-tu là ? J'ai besoin de te parler.

— Qu'y a-t-il ? demanda la voix. N'es-tu pas satisfait ?

— Je ne me plains pas pour ce qui est de moi, mais c'est de mes enfants qu'il s'agit. Mon fils a étudié, il sait le latin, il a maintenant vingt-cinq ans

---

1. *Prévôt* : officier seigneurial chargé de la justice.

et je voudrais le voir évêque de la ville pour succéder à celui qui vient de mourir. Ma fille est sage et belle et en âge de se marier : il faut qu'elle épouse le fils du seigneur qui possède le plus grand fief du pays.

— Bon, je t'accorde ces deux demandes ; mais pense à toi. Reviens dans un an et fais bien attention à ce que tu demanderas.

Il partit, tout heureux de ces promesses et des bonnes fortunes qui allaient encore lui échoir. Peu après on élisait son fils évêque et le fils du seigneur demandait la main de sa fille. Ce furent de grandes fêtes et l'orgueil du vilain ne connut plus de bornes. Toute cette année-là, il mena grand train de vie.

Il dit un jour à sa femme :

— C'est demain que je dois aller au bois trouver Merlin, suivant nos conventions. C'est vraiment une sale corvée, je n'ai plus besoin de ce Merlin, pourquoi me déranger pour rien ?

— Allez-y encore cette fois, lui conseilla sa femme, et dites-lui que c'est la dernière et que vous en avez assez de ces visites. Ainsi vous serez débarrassé de lui.

Le lendemain il se leva, mit son plus riche costume et, à cheval, accompagné de ses gens, il s'en alla vers le bois. Il laissa deux sergents[1] à quelque distance et entra tout seul dans le bois.

— Eh, Merlot ! Où donc es-tu ? Voilà un moment que je t'attends. Viens vite, je suis pressé de rentrer chez moi.

---

1. *Sergents* : ici ce ne sont pas des hommes d'armes, mais de simples serviteurs.

— Que me veux-tu ? lui répondit la voix de dessus un arbre. Tu t'avances avec si peu de précaution que ton cheval a failli m'écraser.

— Je suis venu te dire adieu et te dire que je ne peux vraiment pas me donner la peine d'aller et venir si souvent aussi loin de chez moi. Je n'ai plus rien à te demander. Adieu.

— Ah ! vilain, vilain, tu ne plaignais pas ta peine, quand tu venais ici chaque jour avec ton âne charger du bois pour gagner ta vie ! Puis tu es venu de moins en moins. J'ai bien mal placé mes services. Tu es devenu fier et arrogant. Quiconque aide un vilain cueille pour lui la verge[1] qui le battra. Tu m'as appelé d'abord « monseigneur Merlin », puis tu m'as dit « sire Merlin », ensuite « Merlin » tout court, et maintenant, c'est « Merlot » : tu trouves même indigne de toi de me donner mon vrai nom. Tu n'as pas su m'honorer, ingrat envers moi et dur envers les autres. Tu as méprisé et maltraité ceux dont tu aurais dû adoucir le sort, tu as refusé de dépenser ton avoir et de l'employer à bien faire. Va-t'en, je n'ai plus rien à te dire, mais sache que tu tomberas aussi bas que tu étais monté haut.

Le vilain ne se troubla guère des menaces de la voix. Il ne fit que plaisanter et continua à vivre à son gré. Rentré chez lui, il dit à sa femme qu'il en avait fini avec ces visites humiliantes. Mais bientôt les malheurs commencèrent à fondre sur lui. Ce fut d'abord sa fille qui mourut, et comme elle ne laissait pas d'enfants, toutes les grandes richesses qu'il lui avait données allèrent à son mari et furent

---

1. *Verge* : baguette en bois ou en métal, servant à frapper, à corriger.

perdues pour lui. Puis son fils l'évêque, convaincu d'incompétence et de mauvaise conduite, fut honteusement déposé. Enfin le seigneur du pays qui venait de faire la guerre cherchait à rassembler de l'argent pour couvrir ses dépenses. On lui dit que le prêvôt avait plus d'or et d'argent que tous les banquiers de Cahors[1]. Il le fit venir devant lui et lui demanda ce qu'il en était ; l'autre répondit qu'il ne possédait rien, et le seigneur qui savait à quoi s'en tenir se fâcha et jura, puisqu'il mentait ainsi, qu'il ne lui laisserait rien. Il fit vendre ses maisons et ses terres, saisir les trésors et le jeta en prison, l'accusant de l'avoir trompé dans sa gestion des deniers publics.

Quand le vilain sortit de là, il ne lui restait pas de quoi prendre un seul repas. Ce fut en vain qu'il s'adressa à ceux qui l'avaient entouré et flatté du temps de sa fortune : tous le repoussèrent et les pauvres gens virent dans sa chute une punition d'en-haut. Il fut bien heureux de pouvoir, à force de travail et de privations, acheter un âne. Il retourna chaque jour au bois et usa ainsi péniblement sa vie, puni de son orgueil et de sa dureté de cœur.

---

1. *Cahors* : Cahors était le siège de plusieurs maisons de banque. La richesse de Cahors était proverbiale.

Les trois aveugles de Compiègne

Il arriva un jour que trois aveugles, partis de Compiègne, faisaient route vers Senlis. Ils n'avaient point de garçon avec eux pour les conduire et leur montrer le chemin. Ils étaient fort pauvres et chacun d'eux portait son hanap [1]. Un clerc [2] qui venait de Paris, monté sur un beau palefroi et suivi d'un écuyer [3] à cheval portant son bagage, les rencontra ; c'était un homme d'esprit et qui avait vu bien des pays. Il vit que personne ne les conduisait et il se demanda comment ils pouvaient suivre leur chemin. En l'entendant s'approcher, les aveugles s'arrêtèrent, se rangèrent promptement de côté et se mirent à crier :

— Faites-nous quelque bien ! Nous sommes très pauvres et quelle misère de ne pas voir !

---

1. *Hanap* : coupe en bois que portaient avec eux mendiants et voyageurs.
2. *Un clerc* : un étudiant. Même quand ils ne comptaient pas devenir prêtres, les clercs recevaient les ordres mineurs et étaient tonsurés, mais ils pouvaient se marier et ils exerçaient toutes les professions libérales.
3. *Écuyer* : l'écuyer est attaché à un chevalier dont il porte l'écu. Le terme est ici employé avec une certaine ironie, puisque ce serviteur ne porte que des bagages.

Le clerc, aussitôt, se mit en tête de leur jouer un bon tour.

— Tenez, dit-il, voici un besant [1], je vous le donne pour vous trois.

— Dieu vous le rende ! s'écrièrent-ils. C'est un riche présent.

Chacun d'eux croit qu'un de ses compagnons a reçu la pièce d'or. Le clerc s'éloigne un peu et met pied à terre pour écouter ce qu'ils disent.

— Celui qui nous a donné cela, dit l'un, nous a fait vraiment un beau cadeau. Savez-vous ce que nous allons faire ? Retournons à Compiègne ; il y a longtemps que nous n'avons pas pris nos aises, donnons-nous un peu de plaisir. À Compiègne il y a tout ce qu'il faut.

— Bien parlé, disent les autres. Repassons le pont.

Les voilà retournant sur leurs pas, tout joyeux, et le clerc les suit, curieux de voir la fin de l'aventure. Les aveugles entrent dans la ville et entendent qu'on crie devant une auberge [2] : « Par ici, bon vin, frais et nouveau ! Vin d'Auxerre et de Soissons, pain blanc, viande et poissons ! On loge ici à son aise et on peut bien employer son argent. » Ils se dirigent vers la porte et entrent dans la maison.

— Hôte, disent-ils, ne nous dédaignez pas, parce que nous sommes pauvrement vêtus. Nous voulons être servis à part, comme les gens mieux nippés ;

---

1. *Un besant* : le besant est une monnaie byzantine d'or et d'argent répandue au temps des Croisades.
2. *On crie devant une auberge* : les taverniers faisaient annoncer dans les rues l'arrivage de leurs vins. Le vin d'Auxerre était très coté.

nous paierons bien, car nous avons de quoi.

L'hôte les croit, car ces gens-là ont souvent la bourse bien garnie. Il s'empresse et les mène dans la salle d'en haut.

— Seigneurs, dit-il, vous pourriez mener ici bonne chère pendant une semaine. Il n'est bon morceau dans la ville que vous ne puissiez avoir.

— Eh bien, allez, faites-nous bien servir.

— Laissez-moi faire, dit l'hôtelier.

Il s'en va et leur prépare un repas à cinq services : pain, viande, poisson, pâtés et tous les meilleurs vins. On fait flamber la cheminée. Les aveugles s'assoient à la table haute [1] où ils sont traités comme des chevaliers, ils mènent grand bruit et se versent à boire l'un à l'autre.

— Tiens, je t'en donne, donne-m'en à ton tour. C'est un fameux vin !

Ils ne s'ennuient pas et sont là jusqu'à minuit en pleine euphorie. On leur prépare ensuite de bons lits et ils vont se coucher dans une belle chambre. Le clerc cependant était aussi entré dans l'auberge, il avait dîné et soupé avec l'hôte. Le lendemain matin, l'hôte et son valet font les comptes de la veille.

— En pain, viande, vins, poisson et avec le coucher, ils en ont bien pour dix sous, dit le valet. Oui, c'est bien le compte pour eux trois. Quant au clerc, avec son écuyer et ses chevaux, il en a pour cinq sous.

— Je n'aurai point d'ennui de son côté, dit l'hôte, mais monte là-haut et fais-moi payer par ces gens.

Le valet monte, pendant que les aveugles s'habillent et leur dit que son maître veut être payé.

---

1. *La table haute* : la table d'honneur, sur une estrade.

— Soit, il n'a rien à craindre. Il sera payé ; combien lui devons-nous ?

— Dix sous.

— Ce n'est pas trop.

Ils se lèvent et descendent. Le clerc qui est en train de se chausser dans sa chambre entend tout.

— Sire, disent les aveugles à l'aubergiste, nous avons un besant qui est sans doute de bon poids. Tenez, rendez-nous le surplus.

— Volontiers, répond l'hôte.

— Donne-le-lui, dit l'un. Lequel est-ce qui l'a ?

— Ce n'est pas moi.

— C'est donc Robert Barbefleurie [1].

— Non, c'est toi.

— Pas du tout.

— Qui l'a donc ?

— Toi.

— Toi.

— Dépêchez-vous, truands, dit l'hôte, ou gare les coups et gare la prison.

— Mais non, sire, nous allons vous payer.

Et ils recommencent leur dispute.

— Voyons, Robert, donne le besant, c'est toi qui l'as reçu, c'est toi qui marchais le premier.

— Non, c'est toi qui allais en arrière ; donne-le donc ; moi je ne l'ai pas.

— Je vois ce que c'est, dit l'aubergiste ; vous vous moquez de moi. Qu'on m'apporte un bâton !

Le clerc, amusé par cette scène, pouffait de rire.

---

1. *Barbefleurie* : barbe blanche, nom souvent donné à Charlemagne dans les chansons de geste.

Il s'approche de l'hôte, lui demande ce qui se passe et ce qu'il réclame à ces gens.

— Quoi ? dit-il. Ils m'ont bu et mangé pour dix sous et ils veulent m'attraper ! Mais ils en auront honte et dommage.

— Eh bien, mettez tout cela sur mon compte, fait le clerc, et mettez que je vous dois quinze sous. Il faut avoir pitié des pauvres gens.

— D'accord, dit l'hôte ; vous êtes un bon et généreux clerc.

Les aveugles s'en vont bien contents. Écoutez maintenant quelle ruse imagina le clerc pour se tirer d'affaire. On entendait à ce moment sonner la messe.

— Aubergiste, dit-il, connaissez-vous bien votre curé ? Auriez-vous confiance en lui, s'il voulait bien vous payer les quinze sous que je vous dois ?

— Par Dieu ! Je le connais bien et je lui ferais crédit de quinze livres, s'il le voulait.

— Alors venez avec moi : je vous ferai payer à l'église ; et dites à vos gens qu'on me laisse partir, dès que je serai revenu ici.

— C'est convenu.

Le clerc dit à son écuyer de préparer les chevaux et le bagage, pour que tout soit prêt quand il reviendrait. Puis il emmène son hôte à l'église et le fait rasseoir à côté de lui.

— Je n'ai pas le temps d'attendre que la messe soit chantée, je vais dire au curé de vous payer les quinze sous, dès qu'il aura fini sa messe.

— Très bien, dit l'autre.

Le prêtre avait mis ses vêtements sacerdotaux et allait commencer sa messe quand le clerc l'aborda, tira de sa bourse douze deniers et les lui mit dans la main.

— Écoutez-moi, sire : tous les clercs doivent être amis, c'est pourquoi je viens vous trouver : j'ai logé cette nuit chez un brave homme d'aubergiste. Mais hier soir, pendant que nous soupions gaiement ensemble, un mal cruel l'a surpris, un véritable accès de folie. Dieu merci, il est revenu à lui ce matin, mais il sent encore sa tête pesante et douloureuse. Je vous prie, après la messe, de lui lire un évangile sur la tête [1].

— Bien volontiers, répond le prêtre. C'est entendu, s'adresse-t-il à l'aubergiste ; dès que j'aurai dit ma messe, je ferai votre affaire. J'en tiens quitte le clerc.

— Je ne lui demande donc plus rien, dit l'hôte.

— Adieu, sire, dit le clerc.

C'était dimanche, l'église était pleine de monde. Pendant que le curé chante sa messe, le clerc revient à l'auberge, accompagné de son hôte, prend congé de lui et se met en route. Celui-ci retourne aussitôt à l'église, pressé de recevoir ses quinze sous, et attend la fin de la messe. Quand le prêtre a enlevé ses vêtements sacerdotaux, il prend un évangéliaire et une étole [2], et appelle :

— Sire Nicolas, approchez-vous et mettez-vous à genoux.

— Je ne suis pas venu pour cela, dit l'autre qui ne

---

1. *Lire un évangile sur la tête* : on confondait les fous et les possédés au Moyen Âge, d'où l'usage d'exorciser les fous en chassant les démons par la lecture des Écritures.
2. *Un évangéliaire* : livre qui contient les passages lus ou chantés à la messe. *Étole* : bande d'étoffe que le prêtre porte au cou dans l'exercice de certaines fonctions liturgiques, par exemple au confessionnal.

comprend rien à ces paroles, mais pour que vous me payiez mes quinze sous.

— Vraiment, dit le prêtre, il divague. Pauvre homme ! Que Dieu ait pitié de son âme ! Voilà que son accès le reprend.

— Voyez, crie l'aubergiste, comme ce prêtre se moque de moi avec son livre.

— Cher ami, dit le prêtre, songez à Dieu, il vous soulagera.

Il lui met le livre sur la tête et commence à lui lire l'évangile.

— Non, non, j'ai à faire chez moi, interrompt l'autre, et je n'ai cure de toutes vos histoires. Allons, vite, payez-moi.

Effrayé, le prêtre appelle ses paroissiens qui accourent.

— Tenez cet homme, leur dit-il, il est fou !
— Non, par saint Corneille, je ne suis pas fou. Payez-moi mes quinze sous. Vous ne me roulerez pas ainsi !

— Tenez-le bien, dit le prêtre.

On le saisit, on lui tient les mains, chacun lui dit des paroles de réconfort. Le prêtre lui passe l'étole autour du cou, lui remet le livre sur la tête, lui lit l'évangile d'un bout à l'autre et l'asperge d'eau bénite. Le malheureux qui a bien envie de rentrer chez lui finit par se laisser faire, et on le lâche. Le prêtre fait sur lui le signe de la croix et lui dit :

— Allez, et que Dieu ait pitié de vous. Vous avez été bien tourmenté.

L'aubergiste ne répond rien et tout honteux d'avoir été attrapé de la sorte, mais heureux d'en réchapper, il s'en retourne droit à son hôtel.

Brifaut

J'ai envie de vous raconter l'histoire d'un riche vilain, un sot, qui faisait les marchés d'Arras, d'Abbeville et de Lens. Écoutez-moi bien.

Il s'appelait Brifaut. Un jour qu'il allait au marché, il avait chargé sur son cou dix aunes de toile de bonne qualité : elle lui battait l'oreille par-devant et traînait par-derrière. Un loustic le suivait, prêt à lui jouer un bon tour. Il passe un fil dans une aiguille, soulève un peu la toile du sol, la serre contre sa poitrine et la coud à sa tunique ; il reste tout près du vilain qui s'est perdu dans la foule, et au beau milieu de la presse, il le pousse et le tire jusqu'à le faire trébucher. La toile tombe à terre, le drôle s'en saisit et se lance parmi la populace.

Se voyant les mains vides, Brifaut pique une colère et se met à hurler :

— Mon Dieu ! Ma toile ! Je l'ai perdue. À l'aide, sainte Marie ! Qui a ma toile ? Qui a vu ma toile ?

Le voleur s'arrête un instant, la toile posée sur son cou, puis il vient se placer devant sa victime.

— Qu'as-tu à récrier, vilain ?

— J'en ai bien le droit. J'avais apporté ici une grande toile et je l'ai perdue.

— Si tu l'avais aussi bien cousue à tes vêtements que la mienne aux miens, tu ne l'aurais pas laissé tomber dans la rue.

Et il s'en va, heureux de son larcin, laissant l'autre là, car bien fou qui perd un bien.

Une fois Brifaut rentré chez lui, sa femme lui demande la somme qu'il apporte.

— Mon amie, lui dit-il, monte au grenier, prends du blé et va le vendre, si tu veux avoir de l'argent, car je ne rapporte rien du tout.

— Non ? fait-elle. Qu'une mauvaise goutte[1] t'emporte aujourd'hui même !

— Mon amie, tu as bien raison de me le souhaiter et de me couvrir de honte.

— Par la croix du Sauveur, qu'est donc devenue la toile ?

— Eh bien, je l'ai perdue.

— Pour ton mensonge que la mort te frappe sur-le-champ ! Brifaut, tu l'as avalée. Que le feu te brûle la langue et la gorge par où sont passés les précieux morceaux !

— Que la mort me prenne et que Dieu me confonde, si je ne te dis la vérité.

Et tout à coup la mort le frappe. Quant à sa femme, saisie de folie, elle vécut dans cet état jusqu'à la fin de ses jours.

---

1. *Goutte* : maladie qui se caractérise par des poussées inflammatoires douloureuses autour des articulations

Estula

Il y avait deux frères, sans père ni mère pour les conseiller et sans autre compagnie. Pauvreté était leur amie, et elle fut souvent leur compagne. C'est la chose qui tourmente le plus ceux avec qui elle habite : il n'est pire maladie. Les deux frères dont je vous parle vivaient ensemble. Une nuit ils n'en pouvaient plus de soif, de faim et de froid : chacun de ces maux accable souvent ceux que Pauvreté tient en son pouvoir. Ils se mettent à se demander comment ils pourraient se défendre contre Pauvreté qui les tourmente et souvent les accule à la famine.

Un homme qu'on disait fort riche habitait tout près de chez eux ; ils sont pauvres, le riche est sot. Dans son jardin il y avait des choux et dans son étable des brebis. Tous deux se dirigent de ce côté : Pauvreté fait perdre son bon sens à plus d'un homme. L'un attache un sac à son cou, l'autre prend un couteau à la main et tous deux se mettent en route. Suivant un sentier, ils sautent d'un bond dans l'enclos ; l'un s'accroupit et coupe des choux sans se gêner ; l'autre se dirige vers le bercail pour en ouvrir la porte et en vient à bout ; il lui semble que son affaire va bien et à tâtons il cherche le mouton le plus gras.

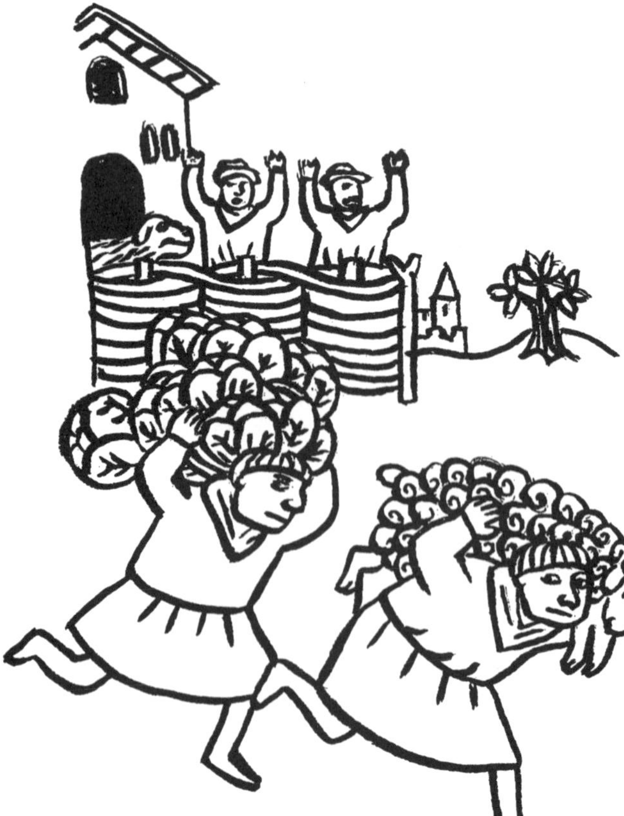

Mais on était encore debout dans la maison : on entend la porte du bercail quand elle s'ouvre. Le paysan appelle son fils :

— Va voir au bercail, dit-il, et fais revenir le chien à la maison.

Le chien s'appelait Estula. Le garçon y va et crie :
— Estula ! Estula !
— Oui, certainement, je suis ici.

Il faisait très obscur, tout noir, si bien que le garçon ne peut apercevoir celui qui lui a répondu, mais croit vraiment que le chien a parlé. Sans plus attendre, il revient tout droit à la maison, transi de peur.

— Qu'as-tu, cher fils ? lui dit son père.
— Sire, par la foi que je dois à ma mère, Estula vient de me parler.
— Qui, notre chien ?
— Oui, ma parole, et si vous ne voulez pas me croire, appelez-le et vous l'entendrez répondre.

Le vieil homme sort aussitôt pour assister à cette merveille ; il entre dans la cour et appelle Estula, son chien.

— Mais oui je suis là, répond le voleur qui ne se doute de rien.

Le brave homme est stupéfait.

— Par tous les saints et par toutes les saintes, mon fils, j'ai entendu bien des choses étonnantes, mais jamais la pareille ! Va vite, raconte ce miracle au curé, ramène-le avec son étole [1] et de l'eau bénite.

---

1. *Étole* : voir note 2 des *Trois aveugles de Compiègne*, page 41.

Le garçon se hâte au plus vite et arrive au presbytère. Il ne traîne guère à l'entrée et aborde immédiatement le prêtre.

— Sire, dit-il, venez à la maison ouïr de grandes merveilles ; jamais vous n'en avez entendu de pareilles. Prenez l'étole à votre cou.

— Tu es complètement fou, dit le curé, de vouloir me faire sortir à cette heure ; je suis nu-pieds, je ne peux pas y aller.

— Si, vous viendrez, lui répond l'autre, je vous porterai.

Le curé prend son étole et sans plus de paroles monte sur les épaules du jeune homme qui reprend son chemin, et pour arriver plus vite, prend le sentier que les deux frères avaient emprunté à la recherche de victuailles. Le premier qui est en train de cueillir les choux aperçoit le surplis blanc du curé et croit que son compagnon lui apporte quelque butin.

— Apportes-tu quelque chose ? lui demande-t-il plein de joie.

— Oui, ce qu'il me fallait, fait le garçon, croyant que c'est son père qui lui a adressé la parole.

— Vite, dit l'autre, jette-le vite à terre, mon couteau est bien aiguisé, je l'ai fait hier affûter à la forge ; je m'en vais lui couper la gorge.

Quand le curé l'entend, il croit qu'on l'a attiré dans un guet-apens. Il saute à terre des épaules de celui qui n'est pas moins éberlué que lui et qui décampe de son côté. Le curé tombe au beau milieu du sentier, mais son surplis s'accroche à un pieu et y reste, car il n'ose pas s'arrêter pour l'en décrocher. Le frère qui cueillait les choux n'est pas moins ébahi que ceux qu'il a fait fuir : il ignore ce qui se passe. Toutefois il va prendre la chose blanche qu'il voit pendre au pieu et s'aperçoit que c'est un surplis. À ce moment son frère sort de la bergerie avec un mouton et appelle son compagnon qui a son sac plein de choux ; tous deux ont les épaules bien chargées. Sans demander leur reste, ils se mettent en chemin vers leur maison qui est toute proche. Le voleur au surplis montre alors son butin ! Ils plaisantent et rient, de bon cœur, et le rire qu'ils ont depuis longtemps perdu leur est alors rendu.

Dieu travaille en peu de temps : tel rit le matin qui pleure le soir, et tel est renfrogné le soir qui au matin retrouve la joie.

Les perdrix

Je veux vous raconter aujourd'hui, au lieu d'un récit imaginaire, une aventure qui est arrivée vraiment à certain vilain.

Il prit deux perdrix au bas de sa haie et mit tous ses soins à les faire préparer. Sa femme sut fort bien les apprêter, elle fit du feu, tourna la broche, tandis qu'il s'en fut inviter le curé.

Mais il tarde à revenir et les perdrix se trouvent prêtes. La dame les tire de la broche, pince un peu de peau cuite qui reste à ses doigts et, gourmande comme elle était, elle s'en régale. Puisqu'elle en a l'occasion, elle cède à la satisfaction de ses désirs. Elle attaque alors une des perdrix et en mange les deux ailes : si on lui demande plus tard ce que les perdrix sont devenues, elle saura très bien se tirer d'affaire. Les deux chats, dira-t-elle, sont venus, ils me les ont arrachées des mains et ont emporté chacun la sienne.

Elle retourne encore dans la rue, pour voir si son mari ne revient pas. Sa langue se met alors à frémir de convoitise ; elle sent qu'elle va devenir enragée, si elle ne mange pas un tout petit bout de la seconde perdrix. Elle enlève le cou, le cou exquis, elle le savoure avec délices : il lui paraît si bon qu'elle s'en lèche les doigts.

— Hélas ! dit-elle, que vais-je faire maintenant ? Si je mange le tout, que dirai-je pour m'excuser ? Mais comment laisser le reste ? J'en ai trop grande envie... Tant pis, advienne que pourra, il me faut la manger toute.

Et elle fait si bien qu'elle la mange toute, en effet.

Le vilain ne tarde guère à rentrer. À la porte du logis il se met à crier :

— Femme ! Femme ! Les perdrix sont-elles cuites ?

— Hélas, mon mari ! Tout est au plus mal, les chats les ont mangées.

Le vilain passe la porte en courant et se jette sur sa femme comme un enragé ; un peu plus il lui aurait arraché les yeux.

— C'est pour rire ! C'est pour rire ! se met-elle alors à crier. Sors d'ici, démon ! Je les ai couvertes pour les tenir au chaud.

— Tant mieux, foi que je dois à saint Ladre, car tu n'aurais pas eu sujet de rire ! Allons, mon hanap [1] de bon bois, ma plus belle et plus blanche nappe ! Je vais étendre mon manteau sous la treille, dans le pré, et nous prendrons notre repas dehors.

— C'est bon, mais prends ton couteau, il en a grand besoin ; va donc l'aiguiser contre la pierre de la cour.

Le vilain quitte son habit et court, son couteau à la main. Le curé arrive alors, qui s'en vient pour

---

1. *Hanap* : voir la note 1 des *Trois aveugles de Compiègne*, page 36.

manger avec eux ; il entre dans la maison et salue la dame. Mais elle lui donne pour toute réponse :

— Fuyez, messire, fuyez ! Je ne veux pas vous voir maltraité. Mon mari est là dehors, qui aiguise son grand couteau. Il dit qu'il vous tranchera les oreilles, s'il peut vous attraper.

— Que me racontez-vous ? dit le curé, nous devons manger ensemble deux perdrix que votre mari a prises ce matin.

— Il vous l'a dit, mais il n'y a ici ni perdrix ni oiseau dont vous puissiez manger. Regardez-le donc là-bas, voyez comme il aiguise son couteau.

— Oui, je le vois, et j'ai grand peur que vous ne disiez vrai.

Et sans demeurer davantage, il s'enfuit à toute allure. Alors la femme se met à crier :

— Sire Gombaud ! Sire Gombaud ! Venez vite !

— Qu'as-tu donc ? dit celui-ci en accourant.

— Ce que j'ai ? Tu le sauras bientôt. Mais si tu ne cours bien vite, tu en auras grand dommage ! Voilà le curé qui se sauve avec tes perdrix !

Aussitôt le vilain se met à courir et, le couteau en main, essaie de rattraper le curé qui fuit.

— Vous ne les emporterez pas ainsi toutes chaudes, crie-t-il en l'apercevant. Vous me les laisserez, si je vous rattrape. Ce serait être mauvais compagnon que de les manger sans moi.

Le curé regarde derrière lui et voit accourir le vilain ; et le voyant ainsi tout près, couteau en main, il se croit mort et se met à courir de plus belle ; et l'autre court toujours après lui dans l'espoir de reprendre ses perdrix. Mais le curé a de l'avance, il gagne sa maison et s'y enferme au plus vite.

Le vilain revient au logis et demande à sa femme :

— Dis-moi, femme, comment tu as perdu les perdrix.

— Le curé est venu et m'a demandé d'être assez bonne pour les lui montrer. Il les regarderait, disait-il, bien volontiers. Je l'ai mené tout droit au lieu où je les tenais couvertes pour les garder au chaud. Il a vite fait d'ouvrir la main, de les prendre et de se sauver avec. Je ne l'ai pas poursuivi, mais je t'ai tout de suite appelé.

— C'est peut-être vrai, dit le vilain.

Ainsi furent bernés Gombaud et le curé.

Ce fabliau vous montre que la femme est faite pour tromper : avec elle le mensonge devient bientôt vérité, et la vérité mensonge. Mais je n'en dirai pas plus long.

La vieille qui graissa la patte au chevalier

Je vais vous raconter une histoire, à propos d'une vieille femme, pour vous amuser.

Cette vieille femme avait deux vaches, dont elle tirait sa subsistance. Un jour que les vaches étaient dehors, le prévôt[1] les trouva dans son pré. Il les fait conduire en sa maison. Quand la vieille apprend la chose, elle va le trouver sans plus attendre et le prie de lui faire rendre ses vaches. Elle le prie et le supplie, mais rien n'y fait : le prévôt reste sourd à ses supplications.

— Par ma foi, dit-il, belle vieille, vous paierez d'abord votre écot, de bons deniers sortis de votre pot.

La bonne femme s'en va, triste et abattue, la tête basse, la mine longue. Elle rencontre en route Hersant, sa voisine, et lui conte son affaire.

La voisine lui dit qu'elle doit aller parler au chevalier : il n'y a qu'à lui « graisser la patte » et il lui rendra ses vaches, sans lui demander rien de plus. La bonne femme, dans sa naïveté, rentre chez elle et va

---

1. *Prévôt* : voir la note 1 de *Merlin Merlot*, page 32.

prendre un morceau de lard dans sa cuisine, puis se dirige tout droit vers la maison du chevalier.

Celui-ci se promenait devant sa demeure et il se trouvait qu'il avait mis ses mains derrière son dos. La vieille femme s'approche de lui par-derrière et se met à lui frotter la paume de la main avec son lard.

Quand le chevalier sent à sa main le contact du lard, il se retourne et aperçoit la vieille femme.

— Bonne vieille, que fais-tu donc ?

— Sire, pour l'amour de Dieu, miséricorde ! On m'a dit de venir à vous et de vous graisser la paume : si je pouvais le faire, mes vaches me seraient rendues toutes quittes.

— Celle qui t'a appris cette leçon entendait tout autre chose ; mais tu n'y perdras rien pour autant. On te rendra tes vaches toutes quittes, et je te donnerai en plus le pré et l'herbe.

Que les hommes riches et faux tirent la morale de l'aventure ; ils vendent leur parole et ne font rien honnêtement. Chacun se laisse aller à prendre, le pauvre n'a aucun droit, s'il ne donne.

Le prêtre qui fut pris au lardier[1]

Je veux vous raconter une histoire qui fuit la vulgarité et seulement pour vous faire rire d'un nommé Nicolas. Il avait eu le tort d'épouser une très belle femme et il eut à le regretter, car elle eut une liaison avec un prêtre, un joli garçon. Mais le savetier s'en tira à son avantage.

Quand Nicolas quittait sa demeure, le prêtre arrivait sans perdre de temps ; il couchait avec la femme, tous deux prenaient du bon temps ; ils s'empiffraient des meilleurs morceaux et n'économisaient pas le vin le plus fort. Le brave savetier avait une fille âgée environ de trois ans, qui savait fort bien parler. Elle dit à son père qui était en train de coudre des souliers :

— Vraiment ma mère n'est pas contente de vous voir si souvent à la maison.

— Pourquoi donc, mon enfant ? demande Nicolas.

— Parce que le prêtre n'est pas tranquille à votre sujet. Quand vous allez vendre vos souliers aux gens,

---

1. *Lardier* : meuble ou tonnelet où l'on conserve le lard.

messire Laurent arrive sans se faire attendre. Il fait venir ici de succulentes nourritures et ma mère confectionne tartes et pâtés. Quand la table est mise, on m'en donne tant que j'en veux, tandis que je n'ai que du pain, quand vous ne bougez pas d'ici.

En entendant ce langage, Nicolas n'a plus de doute : il n'a pas sa femme pour lui seul ! Mais il n'en montre rien jusqu'à un lundi où il lui dit :

— Je vais au marché.

— Allez vite, et qu'il ne vous arrive rien, lui lance-t-elle, alors qu'elle aurait souhaité le voir écorché.

Quand elle pense qu'il est assez loin, elle avertit le prêtre qui arrive tout joyeux. Ils se hâtent de préparer le repas, puis ils font chauffer un bain pour se baigner tous les deux. Mais Nicolas ne se gêne pas pour les surprendre et, seul, revient tout droit chez lui. Le prêtre pensait prendre son bain en toute sécurité. Par une fente dans le mur Nicolas le voit quitter ses vêtements ; il frappe alors à la porte et se met à appeler. Sa femme l'entend et, ne sachant que faire, dit au prêtre :

— Mettez-vous vite dans ce lardier et ne dites pas un mot.

Nicolas assiste à cette scène. La savetière alors l'appelle :

— Soyez le bienvenu, mon mari ! Je savais que vous seriez bientôt de retour. Votre dîner est tout prêt, et tout chaud le bain où vous allez vous baigner. Oui, je l'ai fait préparer avec toute mon affection, car vous menez dure vie chaque jour.

— Dieu m'a accordé son aide, pleinement, mais il me faut tout de suite retourner au marché, dit Nicolas qui a en tête un tour de sa façon.

Dans sa cachette le prêtre se réjouit, loin d'imaginer le plan de Nicolas qui fait venir un grand nombre de ses voisins et les fait boire sec.

— Il me faut, leur dit-il ensuite, charger là-haut sur une charrette ce vieux lardier que voici, je dois le vendre.

Pris de frissons, le prêtre se met à trembler. On fait sur l'heure charger le lardier et on l'emmène au milieu d'une inimaginable cohue. Or le pauvre prêtre, enfermé dans sa prison, avait un frère, personnage important qui était curé dans le voisinage. Apprenant ce qui se passait et tout ce remue-ménage, il se rend sur les lieux, sur sa belle monture. Par une fente du lardier, son frère le reconnaît et se met à l'appeler :

— Frater, pro Deo, delibera me [1] !

— Holà ! Mon lardier a parlé latin, s'écrie Nicolas en l'entendant. Je voulais le vendre, mais, par saint Simon, il vaut cher, nous le garderons. Nous allons le mener chez l'évêque, mais d'abord je le ferai parler ici même ; je l'ai gardé longtemps, il faut que je m'en amuse.

— Nicolas, lui dit alors le frère du prêtre, si tu veux être toujours mon ami, vends-le-moi, ce lardier et, je te l'affirme, je t'en donnerai le prix que tu voudras.

— Il vaut une grosse somme, répond Nicolas, puisqu'il parle latin devant tout le monde.

Vous allez voir l'astuce de Nicolas. Pour mieux le vendre, il prend un gros maillet, puis jure par Dieu qu'il donnera au lardier un coup tel qu'il sera brisé,

---

2. Mon frère, pour l'amour de Dieu, délivre-moi.

s'il ne continue pas à parler latin. Une énorme foule s'était rassemblée tout autour ; beaucoup pensent que Nicolas est fou, mais ce sont eux qui le sont. Il jure par saint Paul qu'avec le gros maillet qu'il porte à son cou il mettra le lardier en pièces. Le malheureux prêtre qui est enfermé à l'intérieur ne sait que faire et en perd presque la raison : il n'ose ni se taire, ni parler et se met à invoquer la clémence du roi du ciel.

— Quoi ! dit Nicolas. Pourquoi tant tarder ? Si tu ne parles pas tout de suite, maudit lardier, je vais te mettre en menus morceaux.

Le prêtre alors n'a plus le courage d'attendre.

— Frater, pro Deo, me delibera, reddam tam cito [1].

— Les savetiers devraient m'aimer de tout leur cœur, s'écrie Nicolas, puisque je réussis à faire parler latin à mon lardier.

— Nicolas, mon bon voisin, dit le frère du prêtre, vends-moi le lardier. Ce serait folie de le casser ; ne me fais pas du tort à ce point.

— Seigneur, dit Nicolas, je m'y engage sur les saintes reliques ; j'en aurai vingt livres de belle monnaie de Paris [2] ; il en vaut bien trente, car il n'est pas peu intelligent.

Le prêtre n'ose pas refuser le marché, il va compter vingt livres pour Nicolas, puis il fait transporter le lardier dans un endroit où il fait discrètement sortir son frère qui lui témoigne son affection pour lui avoir évité un grand scandale en ce besoin. Et

---

1. Je te rembourserai aussitôt que possible ce qu'il coûtera.
2. *Belle monnaie de Paris* : voir note 1 des *Trois bossus*, page 25.

Nicolas touche ses vingt livres grâce à son ingéniosité.

C'est ainsi qu'est délivré messire Laurent. Je crois que depuis il n'a plus eu envie de faire l'amour avec une femme de savetier.

De cette histoire je tire une leçon : il est bon de se méfier des yeux d'un enfant, car le fait fut connu grâce à la fillette qui était encore toute jeune. Le pire attend même tout haut prélat qui se frotte à un savetier. Prenez garde, vous les fringants, de ne pas tomber dans un pareil lardier.

Brunain et Blérain

Je conte l'histoire d'un vilain et de sa femme.

Un jour, pour la fête de Notre-Dame, ils allèrent prier à l'église. Le prêtre vient avant l'office prononcer son sermon : il dit qu'il fait bon donner pour Dieu, que c'est un acte raisonnable, que Dieu rend au double à qui donne de bon cœur.

— Entends-tu, ma chère, fait le vilain, la promesse de notre curé ? Qui donne pour Dieu de bon cœur reçoit deux fois plus. Nous ne pouvons mieux employer notre vache, si tu es d'accord, que de la donner pour Dieu au curé ; d'ailleurs elle produit peu de lait.

— À cette condition, répond la femme, je veux bien qu'il l'ait.

Ils retournent alors à leur maison. Sans faire de longs discours, le vilain entre dans son étable, prend la vache par le licou et va la présenter au doyen, un homme habile et madré.

— Cher seigneur, fait l'autre, les mains jointes, en jurant qu'il n'a pas d'autre bien, pour l'amour de Dieu, je vous donne Blérain.

— Ami, tu viens d'agir en sage, dit le prêtre dom

Constant, qui pour prendre ne manque jamais une occasion. Retourne en paix, tu as bien fait ton devoir. Ah, si mes paroissiens étaient aussi sages que toi, j'aurais abondance de bêtes !

Le vilain quitte le curé qui commande aussitôt qu'on fasse, pour l'apprivoiser, lier Blérain avec Brunain, sa propre vache, une belle bête. Le prêtre la mène en leur jardin, trouve leur vache et les attache toutes deux ensemble, puis il les laisse toutes deux là et revient chez lui. La vache du prêtre se baisse pour paître, Blérain s'y refuse, elle tire la longe si fort qu'elle entraîne Brunain hors du jardin. Elle l'a tant menée à travers les maisons et les champs de chanvre qu'elle regagne son étable avec la vache du prêtre qu'elle a beaucoup de mal à traîner. Le vilain regarde et la voit, tout joyeux.

— Ah, fait-il, chère femme, vraiment Dieu rend bien au double, car Blérain revient avec une autre vache, une grande vache brune. Nous en avons maintenant deux au lieu d'une, notre étable sera bien petite !

Par cet exemple ce fabliau nous montre que fol est qui ne se soumet. Celui-là est riche à qui Dieu fait des dons, et non celui qui cache et enfouit ses biens. Nul ne peut faire fructifier son avoir sans grande chance, c'est la première condition. Par chance le vilain eut deux vaches et le prêtre aucune. Tel croit avancer qui recule.

La bourgeoise
d'Orléans

Je vais vous dire une très agréable aventure, d'une bourgeoise née et élevée à Orléans. Son mari était d'Amiens, un bourgeois immensément riche. Il connaissait tous les tours et toutes les chicanes du commerce et de l'usure, et ce qu'il tenait dans ses mains, il le tenait bien.

Dans la ville étaient arrivés pour faire leurs études quatre nouveaux clercs, portant leur sac comme des portefaix. Ils étaient gros et gras et faisaient bonne chère sans restriction ; ils étaient très estimés en ville où ils avaient pris logis.

L'un d'eux, fort prisé, était reçu dans la maison du bourgeois ; il avait une réputation de courtoisie et la dame se plaisait en sa compagnie. Tant il y vint, tant il y alla que le bourgeois décida de lui donner une leçon, par son accueil ou en paroles, si l'occasion se présentait de le tenir à sa merci.

Avec lui vivait sa nièce qu'il avait recueillie depuis longtemps ; il l'appela en secret et lui promit une tunique, si elle acceptait d'épier ce manège et de lui dire toute la vérité.

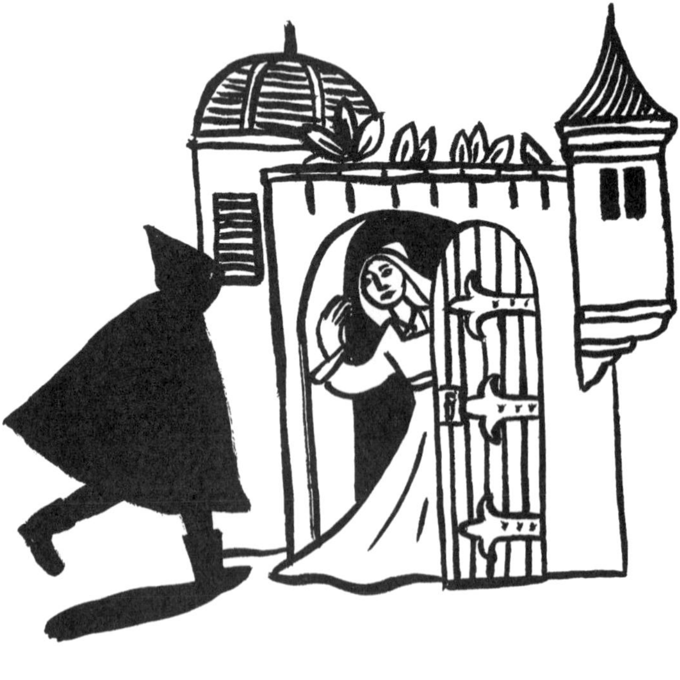

L'écolier avait tant pressé la bourgeoise qu'elle consentit volontiers à ses désirs. La jouvencelle tendit si bien l'oreille qu'elle apprit comment les suspects avaient machiné leur plan.

Elle alla sans tarder trouver le bourgeois et lui révéla leur accord : la dame devait faire signe à son ami, quand son mari serait en voyage ; il viendrait à la porte fermée du verger qu'elle lui avait indiquée, elle s'y trouverait à la nuit noire.

Heureux d'être mis au courant, le bourgeois alla trouver sa femme.

— Dame, dit-il, je dois m'absenter pour mon commerce ; gardez la maison, ma chère amie, comme doit le faire une femme honnête. Je ne sais pas quand je serai de retour.

— Sire, dit-elle, soyez tranquille.

Le bourgeois fait préparer ses charretiers et leur dit que pour gagner du temps dans son voyage il ira gîter à trois lieues de la ville. La dame qui ne soupçonne pas la ruse avertit le clerc. Le mari qui a l'intention de les surprendre loge ses gens, puis se rend à la porte du verger à la tombée de la nuit. La dame court à sa rencontre en catimini, lui ouvre la porte et l'accueille dans ses bras, pensant que c'est son ami. Son espoir va être déçu !

— Soyez le bienvenu, dit-elle.

L'autre se garde de parler à haute voix et lui rend son salut à voix basse. Ils vont sans se presser à travers le verger et le mari tient sa tête baissée. La bourgeoise se penche un peu, le regarde sous son capuchon, s'aperçoit de la fourberie et découvre que son mari lui a tendu un piège. Dès qu'elle en est sûre, elle songe à le duper à son tour : la femme a de meilleurs yeux qu'Argus [1], sa ruse a trompé les plus sages depuis le temps d'Abel [2].

— Seigneur, dit-elle, je suis heureuse de vous avoir et de vous tenir dans mes bras. Je vous donnerai de l'argent qui vous permettra de récupérer vos gages, si vous tenez bien secrète notre affaire. Allons tout tranquillement. Je vous cacherai dans un grenier dont j'ai la clé, vous m'attendrez là gentiment, jusqu'à ce que nos gens aient mangé et quand ils se seront tous couchés, je vous mettrai dans mon lit : personne ne saura notre manigance.

— Dame, c'est parfait.

Dieu, comme il était loin de deviner ses intentions ! L'ânier a son idée et l'âne en a une tout autre. Le mari va avoir une bien mauvaise cachette ! Quand sa femme l'a enfermé dans le grenier à double tour, elle revient à la porte du verger, elle y reçoit son ami qui s'y trouvait, l'embrasse, lui jette les bras au cou et le couvre de baisers. Le second visiteur est, je crois, plus heureux que le premier. La dame laisse le butor se morfondre longtemps dans son grenier. Tous deux traversent le verger et arrivent à la chambre où les draps sont tout prêts sur le lit ; elle y mène son ami et le glisse sous la couverture ; il se livre aussitôt au jeu où l'invite l'amour, il n'en aurait pas voulu d'autre, pas plus qu'elle qui y prend son plaisir ; longtemps ils se donnent du bon temps.

---

1. *Argus* : géant mythologique aux cent yeux dont cinquante restaient toujours ouverts.
2. *Abel* : frère de Caïn et fils d'Adam. Le « temps d'Abel » renvoie aux origines de l'humanité.

— Ami, dit-elle, après force étreintes et baisers, restez un peu ici, attendez-moi, je vais à côté pour faire manger nos gens, puis nous souperons bien en paix tous deux ce soir.

— Dame, comme vous voudrez.

Elle s'en va sans se presser jusqu'à la salle où se trouve toute la maisonnée et traite de son mieux ses gens ; le repas une fois servi, ils mangent et boivent à volonté, puis avant qu'ils ne quittent leur place, elle leur adresse d'aimables paroles. Il y avait là deux neveux du mari, un garçon pour apporter l'eau, trois chambrières, la nièce du bourgeois, deux vauriens de valets et un garnement.

— Seigneurs, fait-elle, que Dieu vous garde. Écoutez ce que j'ai à vous dire. Vous avez vu venir ici dans cette maison un clerc qui ne me laisse pas tranquille ; depuis longtemps il me courtise, je l'ai trente fois éconduit. Quand j'ai vu que je n'arriverais à rien, je lui ai promis de faire son plaisir et sa volonté, quand mon mari serait en voyage. À cette heure il est parti, que Dieu le conduise ! J'ai bien tenu ma promesse au clerc qui m'importune chaque jour. Le voici arrivé à ses fins : il m'attend là-haut dessus à l'étage. Je vous donnerai un tonnelet du meilleur vin qui soit, à condition que je sois vengée. Allez le rejoindre au grenier et rossez-le à coups de bâton, qu'il soit couché ou debout. Donnez-lui tant de coups à l'aveuglette qu'il n'ait jamais plus l'idée de courtiser une femme de bien.

Quand les gens de la maison apprennent la chose, ils bondissent tous d'un seul élan. L'un prend un bâton, un autre une perche, un autre un gros et solide pilon. La bourgeoise leur donne la clé. Qui aurait pu compter les coups, je le tiendrais pour un bon comptable !

— Ne le laissez surtout pas sortir, mais attaquez-le dans le grenier.

— Par Dieu, font-ils, fripouille de clerc, on va vous administrer une bonne correction.

L'un d'eux le renverse à terre et le saisit à la gorge, il le serre si fort avec son capuchon que le malheureux ne peut souffler mot. Ils lui réservent un généreux accueil et ne sont pas avares de leurs coups. Pour cent marcs [1] il n'aurait pas eu son haubert [2] mieux fourbi ! À plusieurs reprises ses deux neveux s'emploient à bien cogner, et dessus et dessous. Il ne lui sert à rien de crier pitié ; ils le traînent dehors comme un chien crevé et le jettent sur un tas de fumier, puis ils rentrent à la maison.

Ils ont là à profusion d'excellents vins, des meilleurs du logis, des blancs, des auxerrois, comme s'ils avaient été des rois. Avec des gâteaux, du vin, une blanche nappe de lin et une grosse chandelle de cire, la dame reste en galante compagnie toute la nuit, jusqu'au jour. Au moment de se séparer, dans un élan d'amour elle donne à son ami dix marcs et l'invite à revenir toutes les fois qu'il pourra.

Étendu sur le fumier, le mari finit par retrouver ses mouvements et se mit à la recherche de ses vêtements. Quand ses gens le virent rossé de la sorte, ils

---

1. *Cent marcs* : le marc est une monnaie d'or ou d'argent au poids de huit onces de Paris, soit 244 grammes 5.
2. *Haubert* : chemise de mailles métalliques qui protège la tête, le cou et la poitrine.

en eurent de la peine et tout ébahis lui demandèrent comment il allait.

— Mal, dit-il, mal ! Reportez-moi chez moi et ne me posez plus de questions.

Ils le relèvent sur-le-champ. Mais ce qui le console et chasse ses tristes pensées est de savoir sa femme si fidèle. Tout son malheur ne compte pour rien et il se dit que, s'il se rétablit, il la chérira toujours.

Il rentre à la maison, et dès que la dame l'aperçoit, elle lui prépare un bain aux bonnes herbes et le guérit de ses blessures ; elle lui demande ce qui est arrivé.

— Dame, fait-il, j'ai dû passer un mauvais quart d'heure, on m'a brisé les os.

Les gens de la maison lui racontent alors comment ils ont arrangé le vaurien de clerc et comment la dame le leur a livré.

— Ma foi, elle s'est débarrassée de lui en femme honnête et avisée.

Sa vie durant il n'eut plus à lui adresser le moindre reproche et lui fit confiance. Quant à elle, elle ne cessa de faire l'amour avec son ami, chaque fois que son mari voyageait dans la région.

Le boucher d'Abbeville

Seigneurs, prêtez l'oreille à une histoire merveilleuse que je veux vous raconter : vous n'avez jamais entendu la pareille. Soyez attentifs à l'écouter ; une parole qui n'est pas entendue est perdue, c'est la pure vérité.

Il y avait à Abbeville un boucher fort estimé de ses voisins. Il n'était ni sournois ni médisant, mais sage, courtois et de grand mérite, honnête dans sa profession, et il venait souvent en aide à son pauvre voisin. Il n'était ni avide ni envieux.

Vers la fête de la Toussaint, le boucher alla au marché d'Oisemont pour acheter des bêtes, mais il ne fit que perdre sa peine ; il ne put faire affaire pour des porcs mal soignés, piteux et sans valeur. Il s'était déplacé pour rien, car il n'eut pas à dépenser un denier. Le marché terminé, il s'en retourna en ayant bien soin de ne pas s'attarder en route, dissimulant son épée sous sa cape, car le soir commençait à tomber.

Écoutez bien ce qui lui arriva. La nuit le surprit à Bailleul, à mi-chemin de sa demeure. Il faisait noir ; il se dit qu'il ne continuerait pas sa route, mais s'arrêterait à cette ville, redoutant fort que les filous ne le délestent de son argent, et la somme était importante. Il vit une pauvre femme debout sur le seuil de sa maison.

— Y a-t-il en cette ville, lui demanda-t-il, un endroit où je puisse me restaurer en payant ? Car je n'ai jamais aimé dépendre de personne.

— Seigneur, lui répond la bonne femme, par tous les saints du monde, il n'y a de vin dans cette ville, d'après Mile, mon mari, que chez notre curé, sire Gauthier. Dans deux tonneaux posés sur les tréteaux qu'il a apportés de Nogentel, il y a toujours du vin prêt à tirer. Allez donc prendre logis chez lui.

— Dame, j'y vais de ce pas, fait le boucher. Que Dieu vous garde !

— Ma foi, seigneur, qu'il vous vienne en aide !

Le doyen était assis à sa porte, infatué de sa personne. Le boucher le salue.

— Cher seigneur, lui dit-il, que Dieu vous aide, faites-moi la charité de m'héberger, ce sera mérite et bonté de votre part.

— Brave homme, fait-il, allez demander à Dieu de vous héberger ! Un gueux laïque ne couchera pas chez moi cette nuit, par la foi que je dois à saint Herbert. Vous trouverez toujours quelqu'un pour vous loger en cette ville. Débrouillez-vous, en cherchant bien partout pour trouver un toit, mais sachez que vous ne passerez pas la nuit dans ma maison. D'autres personnes ont retenu mon logis et il n'est pas digne d'un prêtre de recevoir un rustre en sa demeure.

— Rustre, seigneur ? Qu'avez-vous dit ? N'avez-vous que mépris pour un homme de peu d'apparence ?

— Oui, parfaitement, j'ai mes raisons. Allez, hors d'ici ! ce serait insultant pour moi.

— Point du tout, seigneur, ce serait plutôt un acte charitable que de m'accueillir à cette heure, car je ne puis rien trouver ailleurs. Je puis vous payer de mes deniers, si vous voulez me vendre un peu de votre vin. Je vous en saurai gré, je vous en serai reconnaissant et je vous l'achèterai volontiers ; j'entends bien ne rien vous coûter.

— Par saint Pierre, dit le doyen, vous feriez aussi bien de vous cogner la tête à cette pierre grise. Non, vous ne coucherez pas chez moi.

— Que les diables y habitent, fait le boucher, imbécile de chapelain ! Vous n'êtes qu'un goujat et un malotru.

Il s'en va furieux sans ajouter un mot.

Écoutez à présent ce qui lui arriva. Sorti de la ville, il parvient à une maison délabrée dont tous les chevrons étaient à terre, et rencontre un grand troupeau de brebis. Par Dieu, écoutez cette étonnante histoire ! Il s'adresse au berger qui avait gardé depuis sa jeunesse tant de vaches et tant de taureaux.

— Berger, que Dieu t'accorde le bonheur ! À qui appartient ce troupeau ?

— Seigneur, à notre curé.

— Ma parole, est-ce possible ?

Voilà ce que fit le boucher : il déroba si discrètement un mouton que le berger ne s'en aperçut pas ; il le berna ; l'autre ne vit rien et n'en sut pas davantage.

Sans plus attendre, le boucher jette la bête sur ses épaules et par une rue solitaire revient à la maison du curé qui n'a rien perdu de sa morgue. Au moment où celui-ci allait fermer sa porte, le boucher lui apporte le mouton.

— Seigneur, lui dit-il, que Dieu vous garde, qui a tout pouvoir sur les hommes.

Le doyen répond à son salut et lui demande à brûle-pourpoint :

— D'où es-tu ?

— Je suis d'Abbeville, je viens d'Oisemont, j'ai été au marché, je n'y ai acheté qu'un mouton, mais il a le croupion bien gras. Seigneur, hébergez-moi pour cette nuit, vous en avez les moyens. Je ne suis pas chiche ni pingre ; on mangera ce soir la chair de ce mouton, si cela vous fait plaisir. J'ai eu bien du mal à le porter, il est gros, il a beaucoup de viande, chacun en aura tout son saoul.

Le doyen est d'accord, en homme qui convoite le bien d'autrui : il aime mieux un mort qui lui rapporte de l'argent pour son enterrement que quatre vivants, à ce qu'il semble.

— Bien sûr, bien volontiers, répond-il ; même à trois je vous logerais de grand cœur. J'ai toujours été empressé à me montrer courtois et accueillant. Vous m'avez l'air de commerce agréable. Dites-moi comment vous vous appelez.

— Seigneur, je me nomme David, c'est mon nom de baptême, lorsque j'ai reçu les saintes huiles et le saint chrême. Je suis fourbu de ce voyage. Que jamais Dieu ne voie de ses saints yeux celui à qui appartenait cette bête ! Je voudrais être à présent près d'un bon feu.

Ils entrent dans la maison là où brûle un bon feu bienvenu. L'homme dépose son mouton et regarde à droite et à gauche, puis il demande une hache et on la lui apporte ; il assomme la bête, l'écorche et suspend la peau bien en évidence.

— Seigneur, dit-il, approchez. Pour l'amour de Dieu regardez-moi comme ce mouton est bien en chair, voyez comme il est gras et dodu. Il a pesé lourd, pour l'apporter de si loin. Faites-en ce que vous voudrez ; faites cuire les épaules en rôti et faires-en remplir un plein pot en bouilli pour toute la maisonnée. C'est la plus belle viande qu'on ait vue. Mettez-la à rôtir sur le feu, voyez comme elle est tendre et charnue. Avant qu'on ait le temps de préparer la sauce, elle sera cuite à point.

— Cher hôte, faites comme il vous convient, je m'en remets à vous : je ne veux pas m'en occuper.

— Alors faites vite mettre la table.

— Tout est prêt, il n'y a plus qu'à se laver les mains [1] et à allumer les chandelles.

Seigneurs, je ne vous mentirai pas : le doyen avait une amie dont il était si jaloux que chaque fois qu'il recevait un hôte il la reléguait dans sa chambre. Mais ce soir-là il la fit souper à table avec le boucher qui lui montra par son attitude qu'elle était loin de lui déplaire. La dame fait préparer un lit pour le visiteur, un beau et confortable lit, avec des draps blancs, tout fraîchement lavés. Le doyen appelle sa servante :

— Je te recommande notre hôte David, ma belle : qu'il soit traité comme il le désire, que tout soit comme il le souhaite. Grâce à lui nous voilà satisfaits.

---

1. *Se laver les mains* : on apporte des aiguières et un bassin pour se laver les mains avant le repas et quand on est à table

Ils vont alors se coucher, la dame et lui, ensemble sans doute, tandis que le boucher reste auprès du feu ; jamais il n'avait été aussi à l'aise ; il a trouvé bon logis et bel accueil.

— Gentille fille, dit-il à la servante, approche, viens par ici, parle-moi et fais de moi ton ami : tu auras gros à gagner.

— Taisez-vous, voyons ! Vous dites des bêtises. Mon Dieu, que les hommes sont malappris ! Laissez-moi tranquille, ôtez donc vos mains. Je ne connais rien à ces choses-là.

— Ma foi, tu ferais bien d'y consentir et je vais te dire comment nous tomberons d'accord.

— Dites, je vous écoute.

— Si tu veux coucher avec moi, me contenter et satisfaire mon désir, par Dieu que j'invoque d'un appel sincère, tu auras la peau de mon mouton.

— Taisez-vous, ne parlez plus de cela. Vous n'avez pas la vertu d'un ermite pour me faire de pareilles propositions ! Vous n'avez que de mauvaises pensées. Mon Dieu, comme vous avez l'air bête ! Je consentirais bien à vous faire plaisir, mais je n'ose pas, vous le diriez demain à ma maîtresse.

— Mon amie, que Dieu ait pitié de mon âme, jamais de la vie je ne le lui dirai et je n'irai pas vous dénoncer.

Elle lui promet alors d'accéder à ses désirs, elle couche avec lui jusqu'au lever du jour, puis elle se lève, fait son ménage et va traire ses bêtes. Levé de bonne heure, le prêtre va à l'église avec son clerc pour chanter et célébrer l'office, tandis que la dame reste endormie. Tout de suite le boucher s'habille et se chausse en hâte, il en était bien temps, et va prendre congé de son hôtesse ; il tire le loquet et ouvre la porte. La belle dame se réveille, ouvre les yeux, voit son hôte debout devant le bord de son lit. Elle s'étonne, se demandant comment il est venu là et ce qu'il peut avoir en tête.

— Dame, fait-il, je vous remercie. Vous m'avez hébergé à souhait et fait un excellent accueil.

Il s'approche du chevet, pose sa tête sur l'oreiller, retrousse le drap et voit la belle gorge, toute blanche, la poitrine et les seins.

— Mon Dieu, fait-il, j'assiste à des miracles ! Sainte Marie, le doyen en a-t-il de la chance de coucher tout nu avec une dame comme vous ! Que saint Honorat me protège ! Un roi en serait honoré. Si j'avais la permission et la possibilité de coucher un peu avec vous, je serais regaillardi et requinqué.

— Pas de ça ! Éloignez-vous, vous ne dites que des bêtises. Sortez, ôtez votre main. Messire aura bientôt fini de chanter l'office, il se croirait victime d'un sortilège, s'il vous trouvait dans ma chambre ; il ne m'aimerait plus jamais, vous causeriez mon malheur et ma mort.

Mais le boucher la réconforte habilement.

— Dame, fait-il, par Dieu, pitié ! je ne bougerai pas d'ici pour homme qui vive. Même si le doyen arrivait et s'il risquait une parole offensante ou insolente, je le tuerais sur-le-champ, s'il venait grogner en quoi que ce soit. Faites ma volonté et je vous donnerai ma peau de bonne laine, elle coûte très cher.

— Je n'oserai pas à cause des gens, je vous devine si vaniteux que demain vous le crieriez partout.

— Dame, vous avez ma promesse. De toute ma vie je ne le dirai à personne, femme ou homme, au nom de tous les saints qui sont à Rome.

Il insiste tant et fait tant de promesses que la dame se donne à lui ; elle lui livre sa personne pour le cadeau de la peau et le boucher en profite sans scrupule. Quand il en a tiré tout son plaisir, il part, ne désirant pas rester là plus longtemps, et il va à l'église où le prêtre a commencé sa lecture liturgique avec son petit clerc. Au moment où il disait « Ordonne, seigneur... », voilà que le boucher pénètre dans l'église.

— Je vous suis reconnaissant, lui dit-il, de m'avoir si bien logé et de m'avoir réservé un si bon accueil. Mais je vous demande une chose que je vous prie de m'accorder : achetez ma peau, vous me délivreriez de mes soucis. Elle a bien trois livres de laine et, que Dieu m'aide, elle est de bonne qualité. Elle vaut trois sous, vous l'aurez pour deux avec toute ma reconnaissance.

— Cher hôte, bien volontiers, pour vous être agréable. Vous êtes un bon et franc compagnon, revenez souvent me voir.

Il lui vend sa peau, lui dit au revoir et s'en va. La femme du prêtre quitte son lit, elle était fort jolie et mignonne ; elle vêt une robe verte, bien plissée et à traîne, dont elle avait raccourci les pans à la ceinture par coquetterie ; ses yeux étaient clairs et rieurs, elle était belle et séduisante à souhait. Elle s'assied sur une chaise. La servante va vite prendre la peau, mais sa maîtresse le lui interdit.

— Holà, servante, dis-moi donc, qu'as-tu à faire de cette peau ?

— Dame, j'en ferai ce que bon me semble. Je veux la porter au soleil pour faire sécher le cuir, elle est restée trop longtemps ici, en plein passage.

— Non, non, laisse-la là où elle est et va faire ce que tu as à faire.

— Dame, je l'ai fait et je n'ai plus rien à faire. J'étais debout plus tôt que vous.

— Ma parole, va au diable. Je n'admets pas ce langage. Va-t'en d'ici, laisse cette peau tranquille, garde-toi d'y mettre plus longtemps la main et de t'en occuper davantage.

— Je n'en ferai rien, je m'en occuperai et j'en userai, puisqu'elle m'appartient.

— Tu prétends que la peau est à toi ?

— Oui, parfaitement.

— Dépose-la et va te pendre ou te noyer dans des latrines [1]. La colère me prend de te voir si prétentieuse. Pute, ribaude, pouilleuse, va donc t'occuper de ton ménage.

— Dame, vous déraisonnez, quand vous m'insultez à propos de ce que je possède. L'auriez-vous juré sur les reliques, elle sera quand même à moi.

— Vide ma maison, va ton chemin. Je me moque de tes services, tu n'es qu'une coquine et une imbécile. Même si messire en avait fait le serment, il ne te protégerait plus en cette maison, tellement je t'ai prise en haine.

— Maudit soit, et qu'il se rompe le cou, celui qui désormais vous servira. J'attendrai le retour de mon maître et puis je m'en irai, mais d'abord je me plaindrai à lui à votre sujet.

---

1. *Latrines* : lieux d'aisance dépourvus de tout confort.

— Tu te plaindras ? Sale gloutonne, ribaude puante, bâtarde !

— Bâtarde ? Sont-ils légitimes les enfants que vous avez eus du prêtre ?

— Par la Passion, dépose-la, ma peau, sinon tu le paieras cher. Il vaudrait mieux que tu te trouves à Arras qu'ici, ou même à Cologne.

La dame prend la quenouille, lui en assène un coup et l'autre se met à crier :

— Par la vertu de sainte Marie, cela ne vous portera pas bonheur de m'avoir battue à tort. La peau sera cher vendue avant que je ne meure.

Elle éclate alors en sanglots et s'abandonne à son chagrin. Au milieu du vacarme et de la dispute le prêtre entre chez lui.

— Qu'est-ce ? dit-il. Qui t'a fait cela ?

— C'est ma dame, maître, sans faute de ma part.

— Par Dieu, ce n'est pas sans raison ! Dis-moi la vérité, ne me mens pas.

— Eh bien, maître, c'est à cause de la peau qui est suspendue là près du feu. Vous m'avez ordonné hier soir, quand vous êtes allé vous coucher, de traiter notre hôte David comme il le souhaitait. J'ai obéi à vos ordres, il m'a donné la peau, c'est la vérité, et je suis prête à jurer sur les reliques que je l'ai bien méritée.

À ces mots le doyen comprend que son hôte l'a séduite en la payant de la peau ; il est furieux, outré de colère, mais n'ose dire ce qu'il en pense.

— Dame, fait-il en s'adressant à sa femme, que Dieu me garde, vous vous êtes mise dans de mauvais draps. Vous avez peu d'égards pour moi et vous ne me redoutez guère pour battre ainsi les gens de ma maison.

— Hé, elle voulait avoir votre peau ! Vraiment, si vous saviez la honte qu'elle m'a jetée à la figure, vous la récompenseriez comme elle le mérite : elle m'a reproché vos enfants. Vous faites preuve de lâcheté en souffrant qu'elle m'insulte et me déshonore avec son arrogance. Je ne sais ce qu'il en adviendra, mais la peau ne restera pas entre ses mains. Je soutiens qu'elle ne lui appartient pas.

— Et à qui donc ?
— Ma parole, à moi !
— À vous ?
— Oui.
— Pour quelle raison ?
— Notre hôte a couché sous notre toit, sur notre matelas et dans nos draps, n'en déplaise à saint Acheul, si vous voulez tout savoir.

— Chère amie, dites-moi la vérité. Au nom de la fidélité que vous m'avez promise quand vous êtes venue ici pour la première fois, cette peau doit-elle vous appartenir ?

— Oui, par saint Pierre l'apôtre.
— Ah, maître, dit la servante, ne la croyez pas. C'est à moi qu'elle a été d'abord donnée.

— Ah misérable, maudite soit votre naissance, vous êtes enragée. Sortez de ma maison et que l'infamie s'abatte sur vous, s'écrie la dame.

— Par le saint suaire de Compiègne, dit le prêtre à sa femme, vous avez tort.

— Oh non, car je la hais à mort pour être si menteuse, cette ribaude, cette voleuse.

— Dame, que vous ai-je volé ?
— Mon avoine, mon orge, mon blé, mes pois, mon lard, mon pain de ménage. Seigneur, quelle

lâcheté de votre part de l'avoir si longtemps supportée ici ! Payez-lui ses gages et débarrassez-vous-en.

— Dame, dit-il, écoutez-moi. Je veux savoir laquelle de vous deux a droit à posséder la peau. Dites-moi qui vous l'a donnée.

— Notre hôte à son départ.

— Par les entrailles de saint Martin, il était debout ce matin avant le lever du soleil.

— Mon Dieu, que vous êtes irrespectueux pour blasphémer ainsi de gaieté de cœur ! Il est venu me dire gentiment adieu au moment de son départ.

— A-t-il assisté à votre lever ?

— Non.

— Quand alors ?

— J'étais encore au lit. Je ne me suis pas méfiée de lui, quand je l'ai vu devant moi. Il faut que je vous explique...

— Et qu'a-t-il dit en prenant congé ?

— Seigneur, vous voulez absolument me prendre en défaut. Il a dit : « Dame, je vous recommande à Dieu », puis il est parti. C'est tout ce qu'il a fait, il n'a rien dit d'autre, il n'a rien demandé qui soit à votre déshonneur. Mais vous vous acharnez à me trouver coupable ; jamais vous ne m'avez fait confiance et pourtant, grâce à Dieu, vous n'avez pu voir en moi qu'une parfaite honnêteté, alors que vous me soupçonnez infidèle, vous qui me tenez prisonnière ; tout amaigrie et sans couleur. Je ne bouge pas de votre maison, vous m'avez mise en cage. J'ai trop été sous votre coupe, pour le boire comme pour le manger.

— Hé, espèce de folle, impudente ! Je t'ai nourrie dans l'abondance. Il faut que je me retienne de te rosser ou de te tuer. Je suis sûr qu'il a forniqué avec toi. Dis-moi, pourquoi n'as-tu pas crié ? Il faut nous séparer. Va-t'en, vide ma maison. Je ferai sur mon autel le serment de ne jamais plus coucher dans ton lit, et tout de suite je jure de te mettre dehors.

De dépit le prêtre s'assied, triste, abattu, la mort dans l'âme.

Quand la dame le voit si furieux, elle regrette de lui avoir tenu tête et de l'avoir querellé ; elle a peur qu'il ne lui fasse des ennuis et elle se retire dans sa chambre. Voici qu'alors accourt le berger qui a compté ses moutons : on lui en a volé un la veille au soir et il ne sait pas ce qu'il est devenu. Pressant le pas et se grattant la trogne, il arrive à la maison où le doyen était assis sur un petit banc, tout échauffé par la colère.

— Qu'est-ce, au nom du diable ? Sale vaurien, d'où sors-tu ? Quoi ? Quelle tête tu fais ! Fils de cochon, manant, rustre, tu devrais garder tes bêtes. J'ai envie de te donner un coup de bâton.

— Seigneur, il me manque un mouton, le plus beau de mon troupeau ; je ne sais qui me l'a dérobé.

— Tu as perdu un mouton ? On devrait te pendre pour les avoir mal gardés.

— Seigneur, écoutez-moi. Hier soir, quand je suis entré dans la ville, j'ai rencontré un étranger que je n'avais jamais vu ni dans la campagne ni dans un chemin. Il a regardé longuement mes bêtes et m'a demandé à plusieurs reprises à qui ce beau troupeau pouvait bien appartenir. Seigneur, lui ai-je dit, à notre prêtre. C'est lui qui m'a volé le mouton, je le crois bien.

— Corbleu, c'était David, notre hôte qui a couché ici ! Ah, il m'a bien trompé et mystifié, lui qui a souillé mon monde. Il est allé jusqu'à me vendre sa peau, il m'a essuyé le nez avec ma propre manche ! Malheureux que je suis de n'avoir pas su m'en douter ! Il y a chaque jour quelque chose à apprendre, il a fait son gâteau avec ma pâte. Reconnaîtrais-tu la peau ?

— Que dites-vous là ? Bien sûr que je la reconnaîtrai, si je la vois, j'ai gardé ce mouton pendant sept ans.

Il prend la peau, l'examine ; aux oreilles et à la tête il reconnaît sans peine la peau de sa bête.

— Hé, hé, par Dieu, dit le berger, c'est Cornuiaus, la bête que j'aimais le plus au monde. Il n'y en avait pas d'aussi tranquille dans mon troupeau. Par la foi que je dois à saint Vincent, sur les cent moutons il n'en était pas d'aussi tranquille, pas un meilleur que lui.

— Venez ici, dame, fait le prêtre, venez que je vous parle, je vous l'ordonne. Et toi, ma servante, approche, viens me parler quand je t'appelle. Quel droit as-tu sur cette peau ?

— Par la fidélité que je vous dois, à vous qui m'êtes cher, je la réclame sans hésitation.

— Et vous, chère dame, qu'en dites-vous ?

— Que Dieu garde mon âme, elle doit à bon droit m'appartenir.

— Elle ne sera ni à vous ni à elle. Je l'ai achetée de mon argent, c'est à moi qu'elle revient : notre hôte est venu me la proposer à l'église, quand je lisais mon psautier. Par saint Pierre, le fidèle apôtre, elle ne sera ni à elle ni à vous, si vous ne l'obtenez par une décision de justice.

Seigneurs, vous qui savez ce qui est juste et bon, Eustache d'Amiens vous prie et vous demande, s'il vous plaît, de rendre ce jugement en toute droiture et loyauté. Que chacun dise son avis : qui doit avoir la peau ? Le prêtre, sa femme, ou la jeune délurée ?

À vous de jouer

Farces et attrapes

Qui trompe qui ?
1 *Les trois bossus* : la dame trompe ....
2 *Merlin Merlot* : le vilain trompe ....
3 *Les trois aveugles* : les aveugles trompent ...., le clerc trompe ....
4 *Brifaut* : le voleur trompe.........
5 *La bourgeoise d'Orléans* : la femme trompe ....
6 *Le boucher d'Abbeville* : le boucher trompe ...., ..., ...

Définissez en une phrase la vision de l'être humain qui apparaît dans ces contes ....
....

Pourquoi sont-ils trompés ?
❏ par sottise
❏ par obéissance
❏ par cupidité
❏ par gentillesse
❏ par manque d'attention
❏ par excès de confiance envers leurs proches
❏ par vanité
❏ par manque d'expérience

Les malheurs du curé
Retrouvez le conte qui correspond à chaque situation :

A Le curé comprend que les voleurs veulent lui couper la gorge
B L'aubergiste croit que le curé se moque de lui
C Le curé a peur que le mari ne veuille le tuer
D Le curé est prisonnier
E Le curé perd sa vache

1 *Brunain et Blérain*
2 *Le prêtre qui fut pris au lardier*
3 *Les trois aveugles*
4 *Estula*
5 *Les perdrix*

Pensez-vous qu'il mérite tant de malheurs ? ....
....

Le jeu des portraits

Qui suis-je ? Retrouvez les différents personnages de cette galerie de portraits :

A *Le curé*

B *Brifaut*

C *Nicolas*

D *Le boucher d'Abbeville*

E *Merlin Merlot*

F *La bourgeoise d'Orléans*

1. Je suis une voix invisible. Je m'appelle...
2. Je suis un vilain qui transporte de la toile. Je m'appelle...
3. Je porte un surplis blanc et une étole.
4. Je suis mariée à un bourgeois très riche, et j'aime un étudiant.
5. Je suis savetier, et ma femme me trompe avec le curé.
6. Je vends la peau d'un mouton à deux femmes à la fois.

Pauvres et riches

	Pauvres	Riches
A Le mari de la bourgeoise d'Orléans		
B Les aveugles	-	
C Les deux frères d'Estula		
D Le vilain qui rencontre Merlin Merlot		
E L'homme qui fait les marchés		

Le vilain est un malin
Quels sont les caractères du vilain (c'est-à-dire de l'homme de basse condition, paysan, etc.) ?

    rusé   ingrat
    pauvre   pieux
    trompé par sa femme   paresseux
    agile   sot

Méfiez-vous de la femme
La dame se regarde dans son miroir. Que voit-elle ?

    coquetterie   patience
    ruse   gourmandise
    fidélité   cruauté
    charité   légèreté
    mensonge

Ces personnages féminins sont-ils conçus :
❏ chacun comme un individu particulier ?
❏ ou bien par rapport à un type littéraire, qui amuse les conteurs et leur public ?

Des récits bien ficelés

Le début du récit
Dans quels récits le conteur prend-il lui-même la parole ? (quatre exemples au choix)

– ....
– ....
– ....
– ....

Trois petits tours et puis s'en vont
Deux de ces récits présentent trois personnages. Quels sont leurs titres ?
- ....
- ....

À votre avis, l'auteur adopte ce nombre trois :
❏ parce qu'il permet de rythmer le récit grâce à la répétition ?
❏ parce que trois est un nombre parfait ?
❏ parce que le nombre trois figure souvent dans les chansons ou les contes populaires ?

Des surprises
Surgit un événement que l'on n'attendait pas. Trouvez le conte qui correspond à chaque surprise :

A Le vilain devenu riche perd tous ses biens

B Le mari qui voulait surprendre sa femme est maltraité comme s'il était le galant

C Le vilain qui avait donné sa vache en a finalement deux

D Le curé qui menait joyeuse vie se retrouve dans une sale situation

1 *Brunain et Blérain*

2 *Le prêtre qui fut pris au lardier*

3 *Merlin Merlot*

4 *La bourgeoise d'Orléans*

Revoilà le conteur !

L'auteur reprend la parole dans une conclusion dont le ton est :

❏ moralisateur ❏ ironique
❏ attristé ❏ religieux
❏ désabusé

(plusieurs réponses possibles)

Ce ton est-il :

❏ simple   ou   ❏ ambigu ?

Aimez-vous ce genre de conclusion ? Justifiez brièvement votre réponse ....
....

À chaque récit sa moralité

A Le pauvre n'a aucun droit
B Tel croit avancer qui recule
C Il n'est pas de femme qu'on ne puisse avoir avec de l'argent
D Tel rit le matin qui pleure le soir

1 *Les trois bossus*
2 *Estula*
3 *La vieille qui graissa la patte au chevalier*
4 *Brunain et Blérain*

Vous devez réaliser un dessin animé

Quel fabliau choisissez-vous ? Justifiez votre réponse en indiquant les qualités de ce récit (vivacité des gestes, rapidité de l'action, bruitage...)..
....
....

Pour vous amuser

Rieurs, de quoi riez-vous ?
Dans le conte *Le prêtre qui fut pris au lardier*, l'auteur exploite :

❑ le comique de situation (un personnage dans une situation inconfortable et ridicule)
❑ le comique psychologique (analyse du caractère des personnages)
❑ le comique de gestes
❑ le comique de mots (jeux de mots) ?

Une comédie
Différents éléments transforment le conte *Les perdrix* en une petite pièce de théâtre :

1 Le récit est divisé en plusieurs actes. Résumez en une phrase l'action de chacun de ces actes :
Acte 1 : ....
Acte 2 : ....
Acte 3 : ....

2 Les dialogues sont animés par :
❑ les nombreuses questions
❑ les jurons
❑ les impératifs
❑ les gros mots
❑ les comparaisons

Calembours
1 *La vieille qui graissa la patte au chevalier* : que veut dire l'expression « graisser la patte » ?
– mot à mot : ....
– au figuré : ....
2 *Estula* : ce mot est à la fois
– un nom de : ....
– une question : ....

Parlez-vous vieux français ?

Des mots de jadis

Dans le texte suivant, remplacez les mots soulignés par le terme médiéval :

Il y avait dans un village un <u>paysan</u> qui travaillait toute la journée, mais restait désespérément pauvre. Il rencontra un jour un <u>étudiant</u> de bonne famille, lequel était monté sur <u>un beau cheval de parade</u> et s'en allait à Paris. Le voyageur était riche et ses habits <u>de fin tissu</u>. Le paysan lui demanda l'aumône. L'homme lui fit cadeau d'une <u>pièce d'or</u>. « Grand merci, dit le paysan, j'aurai désormais de quoi manger dans ma <u>réserve de lard</u>. »

Puisez dans ce lexique : besant, vilain, toile, lardier, clerc, palefroi.

Jurons du Moyen Âge

Retrouvez-les dans le texte :
- par saint -
- par le corps de -
- par ma -
- foi que je dois à -

La campagne en mots fléchés

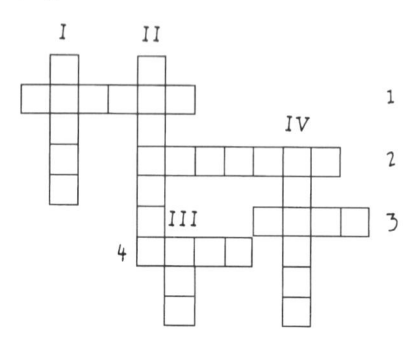

1 Le vilain qui voulait faire un cadeau à son curé en a finalement deux.
2 Les pauvres frères s'en servent pour voler des choux.
3 Merlin Merlot y vit.
4 La vieille en prend un morceau pour graisser la patte au chevalier.

I On y trouve des mûres.

II Le berger y met ses moutons.

III Le pauvre homme en utilise un pour transporter des branchages.

IV La jument du curé en avait en abondance.

Chassez les intrus dans cette liste de monnaies :

dollar
sou de Paris
centime
besant
billet
denier
marc

Des surprises : A3, B4, C1, D2
Revoilà le conteur ! Moralisateur, ironique, désabusé. Ce ton ambigu a l'avantage de terminer le conte sur une note d'humour.
À chaque récit sa moralité : A3, B4, C1, D2
Un dessin animé : par exemple *Le vilain médecin* (dynamisme de l'action, coups, grimaces, voix multiples, bruitage...).

Pour vous amuser

De quoi riez-vous ? Comique de situation, de gestes.
Une comédie :
1 Acte 1 : la dame mange les perdrix. Acte 2 : elle ment à son mari et au curé. Acte 3 : le vilain poursuit le curé et revient au logis.
2 Les questions, les impératifs.

Calembours :
1 Graisser la main / corrompre en donnant de l'argent.
2 Nom de chien / es-tu là ?

Parlez-vous vieux français ?

Des mots de jadis :
Un vilain / un clerc / un beau palefroi / de fine toile / un besant / mon lardier.
Jurons : Par saint Remi, par le corps de Marie, par ma foi, foi que je dois à saint Ladre.
La campagne en mots fléchés :
1 vaches   2 couteau   3 bois   4 lard
I haies   II bercail III âne IV Avoine

Chassez les intrus : dollar, centime, billet.

Solutions

Farces et attrapes

Qui trompe qui ? 1 Le porteur 2 Merlin Merlot 3 Les aveugles trompent l'aubergiste, le clerc trompe le prêtre 4 Briffaut 5 Le mari 6 Le berger, le curé ; la dame et la servante.
L'être humain apparaît comme une créature fourbe et astucieuse.
Pourquoi sont-ils trompés ? Par sottise, par cupidité, par excès de confiance envers leurs proches.
Les malheurs du curé : A4, B3, C5, D2, E1
Ces malheurs proviennent des défauts de ces curés (gourmands, débauchés...).

Le jeu des portraits

Qui suis-je ? 1E, 2B, 3A, 4F, 5C, 6D
Pauvres et riches : A Riche B Pauvres C Pauvres D Pauvre, puis riche, puis pauvre E Riche.
Le vilain : Pauvre, rusé, trompé par sa femme, sot, ingrat.
La femme : Ruse, mensonge, légèreté, gourmandise, cruauté.
C'est un type littéraire.

Des récits bien ficelés

Début du récit : Les trois bossus, Brifaut, Les perdrix, Le boucher d'Abbeville.
Trois Petits Tours : *Les trois bossus, Les trois aveugles de Compiègne.*
L'auteur adopte ce nombre pour rythmer le récit et par tradition populaire.

GF Flammarion

01/09/88659-IX-2001 – Impr. MAURY Eurolivres, 45300 Manchecourt.
N° d'édition FG207110. – Mars 1998: – Printed in France.